सफ़र सियाही का

(ग़ज़ल संग्रह)

सफ़र सियाही का

दीपक कुमार नगायच 'रोशन'

वाणी प्रकाशन ग्रुप
भारतीय ज्ञानपीठ
वाणी प्रकाशन : भारतीय ज्ञानपीठ की पुस्तकों के एकमात्र प्रकाशक एवं वितरक

लोकोदय ग्रन्थमाला : ग्रन्थांक 1539

सजिल्द पहला संस्करण : 2022
सजिल्द दूसरा संस्करण : 2026

वाणी प्रकाशन : भारतीय ज्ञानपीठ की पुस्तकों के एकमात्र प्रकाशक एवं वितरक

वाणी प्रकाशन

4695, 21-ए, दरियागंज, नयी दिल्ली-110 002
दूरभाष : 011-23273167, 23275710
ईमेल : sales@vaniprakashan.in
www.vaniprakashan.com

ISBN : 978-93-94212-17-6

मूल्य : ₹ 350

सफ़र सियाही का
(ग़ज़ल-संग्रह)
दीपक कुमार नगायच 'रोशन'

SAFAR SIYAAHI KA
(Ghazal Sangrah)
by Deepak Kumar Nagaayach 'Rohan'

आवरण : सविता अग्रवाल
मुद्रक : आर. टेक ऑफ़सेट प्रिंटर्स, दिल्ली-110 032

समर्पित

मेरे माता-पिता, परिवार

और

उन सभी दोस्तों को

जिनसे मैं मुहब्बत करता हूँ,

जो मुझसे मुहब्बत करते हैं

शुभकामना संदेश

यह भी एक विरोधाभास है कि अपना तख़ल्लुस रोशन रखने वाले इस शायर ने अपने शेरी मज़मूए का नाम सफ़र सियाही का रखना मुंतख़ब किया, लेकिन मुझे लगता है कि इस की ठोस वजूहात होंगी। शाइर एक हस्सास ज़ात होता है और भले ही उसकी ज़िन्दगी पुरनूर हो, ताबां हो रश्क-ए-ख़ुर्शीद हो, लेकिन वो जहाँ में चहारसू फैली हुई सियाहियों से अपना दामन नहीं छुड़ा सकता। इसे मैं रोशन के ही शे'र में खोजने की कोशिश करता हूँ तो पाता हूँ, वो कहते हैं

नूर से जिसके मुहब्बत ही मुहब्बत फैले,
दिल की दहलीज़ पे रोशन वो दिया रक्खा है।

यानि, शायर, सियाही का सफ़र सिर्फ़ इसलिये तय करता है कि वो इस तीरगी से आलूदः रहगुज़र के आगे उम्मीद की रोशनी तलाश कर सके। यही उम्मीद किसी शायर की तख़लीक़ की ताक़त होती है, और जैसा किसी शाइर ने कहा है –

तख़लीक़ का ये दर्द मुसव्विर से पूछ लो,
बेरंग हो गया है वो सबको सँवार के।

रोशन की शायरी बेहद ख़ूबसूरत है, नये मिज़ाज की है और इसमें नयी तस्बीहात हैं, नये ज़ाविये हैं।

मुझे याद है जब वो वर्षों पहले अपनी शायरी की शुरूआत कर रहे थे तो उन्होंने ग़ज़ल के अरूज़ और तरकीबे-अल्फ़ाज़ को सीखने की शदीद ललक ज़ाहिर की थी और मुझसे जो कुछ भी हौसला अफ़ज़ाई हो सकी, मैंने करने की कोशिश की थी।

ख़ुशी ये है कि बड़ी रफ़्तार से उन्होंने नाकर्दाकारी से पुख़्तगी का ये दुश्वार सफ़र तय कर लिया है और मुतवातिर ख़ूबसूरत अशआर कह रहे हैं। मैंने आगाज़ के दिनों से उनका सफ़र देखा है, और उन्हीं के अल्फ़ाज़ में –

यूँ न मेरे दिल की चौखट पर ठहर कर देखिए,
आइए इक बार तो अंदर उतर कर देखिए।

लिहाजा उनकी शायरी में गोते लगाने के बाद में इतना ही कह सकता हूँ कि 'वाह रोशन' आपकी शाइरी, नयी क़द्रों, नये ज़ावियों की नुमाइंदगी करती है। यूँ ही कहते रहिए और बज़्मे-अदब को मालामाल करते रहिए।

कलाम उनके पढ़े दिल को तब हुआ अहसास,
बुलंद सारे जहाँ से मेयार उनका है।

ढेर सारी दुआओं के साथ

–अजय 'सहाब'
कमिश्नर , एडिशनल डायरेक्टर जनरल जी.एस.टी.
बंगला नंबर –डी–4
बिस्टुपुर, जमशेदपुर,
झारखंड –831001
मो. 9981512285

हर्फ़े चन्द

उर्दू शायरी की इब्तिदा का दौर ज़्यादा तर Scholars कुली कुतुब शाह के वक़्त से मानते हैं लेकिन मेरा मानना है कि उर्दू शायरी ख़्वाजा अमीर खुसरो के वक़्त यानी आज से तक़रीबन 800 सौ साल पहले से शुरू हो गई थी, अहदे जहांगीर में सबसे पहला उर्दू का शायर मुंशी प्यारे लाल 'फ़ौक़ी' हुआ, उसके बाद शाहजहाँ के अहेद में एक शायर पंडित चन्द्र भानु 'ब्रहमन' हुआ जो फ़ारसी और उर्दू दोनों ज़बानों का शायर था।

ये वो बुज़ुर्ग शोअरा हैं जो उर्दू के नामवर शायर मीर, ग़ालिब, सोदा, मोमिन वग़ैरा से कई सदी पहले के हैं, लेकिन अफ़सोस ये होता है कि उर्दू के क़लम कारों ने इन पर लिख लिख कर बहुत कागज़ सियाह किए लेकिन इन बुज़ुर्ग शोअरा के अहवाल पर मेहनत नहीं कर सके, वैसे ये हाल दुनिया की हर ज़बान के साथ हुआ और सदियाँ गुज़रने के बाद भी आज तक चल रहा है, आज भी पूरे मुल्क में ऐसे कोहना मश्क़ शायर हैं जो बिना किसी लालच के अदब की आबयारी किये जा रहे हैं, और उन्हें नाम निहाद क़लमकारों का गिरोह न आगे बढ़ने देता और न ही उनकी रहबरी करता है, आज बहुत से लोग उर्दू ज़बान की लिपि न जानने के बा-वजूद भी उर्दू के दीवाने और परस्तार हैं, इसकी ख़ास वजेह उर्दू की शीरीं कलामी और तहज़ीबी रंग-ओ-आहगं है,ऐसे नादिर-ओ-नायाब परस्तारों के लिए हर क़लम कार का ये फ़र्ज़ है कि वो उनकी रहबरी का फ़रीज़ा अंजाम दिया करें।

ज़ेरे नज़र अज़ीज़ी दीपक नगायच 'रोशन' का शेरी मजमुआ 'सफ़र सियाही का' है, मौसूफ़ से मेरी बा नफ़्से नफ़ीस मुलाक़ात कभी नहीं हो सकी लेकिन ये इस क़दर सआदत मंद हैं कि इनकी गुफ़्तगू ने हमेशा मुझे अपने दिल के क़रीब होने का एहसास दिलाया है, अक्सर इनकी ग़ज़लयात भी देखी हैं और ये बा क़ायदा खुद को मेरे हल्क़ा-ए-तलम्मुज़ में शुमार भी करते हैं, अब इनका कलाम आपके सामने है, हम इस पर अगर कोई तब्सिरा क़ायम करें तो आप अपनी तारीफ़ के मुताबादिल

होगा, हाँ क़लम कारों ये ज़रूर अर्ज़ करना चाहता हूँ कि रोशन साहब का कलाम इनके ज़ौक-ओ-शौक़ को मद्दे नज़र रख कर देखें और अपनी दुआओं से भी नवाज़ें, आख़िर कलाम, मेरी दुआ है कि रोशन साहब का ये सफ़र जारी रहे और आपके अश्आर से साहिबाने दिल अपने दिलों का सुकून हासिल करें।

–सय्यद ज़िया अल्वी
नयी दिल्ली

अपनी बात

बचपन से किताबें पढ़ने का शौक़ और मेंहदी हसन, ग़ुलाम अली को सुनते सुनते न जाने कब ग़ज़ल ने मुझे अपना दीवाना बना लिया। ये अलग बात है कि मुझे अरूज़ का कोई इल्म नहीं था, (आज भी नहीं है)। सुनते सुनते कब कुछ लिखने लगा, याद भी नहीं लेकिन लिखना शुरूअ हो गया, जब ये समझ आया तब मैं 9वीं कक्षा में था। न जाने क्या क्या लिखा पर किसे सुनाता? दोस्त ही होते थे जो झेलते थे, एक दिन उन्हीं में से किसी ने चुपचाप अमर उजाला समाचार पत्र में कुछ छपने के लिए भेज दिया और वो छप भी गया.. अब तो याद भी नहीं कि क्या था.. पहली बार 1995 में एक गोष्ठी में गीतनुमा एक रचना दोस्तों की ही ज़िद पर पढ़ी, तारीफ़ तो मिली लेकिन सही या ग़लत का पता नहीं चला।

फेसबुक का शुरुआती दौर था जब पहली बार किसी ने मुझे रास्ता दिखाया और वो शख़्स थे डॉ. अजय पांडे 'सहाब' सर जिन्होंने मेरी रचना देख कर मुझे ग़ज़ल का अरूज़ सीखने की सलाह दी, बस फिर क्या था, मुझे रास्ते की ही तलाश थी मंज़िल के बारे में कभी नहीं सोचा , आज भी नहीं सोचता। उस दिन के बाद से सिर्फ़ यही काम था कि कहाँ से, किस से और कैसे अरूज़ सीखा जाये। जहाँ भी ग़ज़ल या उससे जुड़ी कोई बात होती मैं वहाँ ज़रूर हाज़िर होता, कुछ-कुछ समझ नहीं आता था फिर भी कोशिश जारी थी और फिर लिखने का सिलसिला...मेरी ख़ुशनसीबी देखिए, मेरे मिसरे पढ़ कर मोहतरम सैयद ज़िया अल्वी साहब ने मुझे न सिर्फ़ ग़ज़ल कहने का सलीक़ा समझाया बल्कि बहुत सी ऐसी हिदायतें भी दीं जिनकी वज्ह से आज मैं थोड़ा बहुत शऊर सीख पाया हूँ, मोहतरम ज़िया अल्वी साहब मेरे बाक़ायदा उस्ताद हैं लेकिन अफ़सोस ये है कि हम आज तक मिले नहीं हैं सिर्फ़ सोशल मीडिया पर ही उनसे इस्लाह लेता रहा हूँ। 'सहाब' सर से उदयपुर में बहुत ही शानदार कार्यक्रम में न सिर्फ़ मुलाक़ात हुई बल्कि उनके 3 घंटे के कार्यक्रम साज़ और आवाज़ में उनकी ग़ज़लों का जी भर के लुत्फ़ लिया और कार्यक्रम के बाद उनका आशीर्वाद और मुहब्बतें भी हासिल हुईं।

मेरी ज़िन्दगी के सफ़र में मेरे दोस्तों का बहुत बड़ा हाथ रहा है जो आज भी जारी है। फेसबुक पर भी मिले बहुत से दोस्तों ने मेरी ग़ज़लों को बेहतर करने के

लिए अपने सुझाव दिए मैं उन सभी दोस्तों का शुक्रगुज़ार हूँ। अमीम जाफ़री साहब, डॉ. आदिक भारती साहब, ओम नीरव जी, अख़्तर अंसार क़िदवाई साहब, सरवत जमाल साहब, विजय स्वर्णकार जी, शाहिद मिर्ज़ा साहब, देवेन्द्र माँझी साहब, सर्वेश चँदौसवी साहब, डॉ. प्रेम भंडारी साहब, जगजीत सिंह 'निशात' साहब, ये उन सभी नामचीन शुअरा के नाम हैं जो बहुत ही सलीक़े से मुझे सियाही के सफ़र से बाहर निकलने में मेरी मदद करते रहे हैं। सबसे ज़ियादा शाहिद मिर्ज़ा साहब से मिसरों, ग़ज़लों पर चर्चा होता है उनके साथ कई बार मुलाक़ात हुई तो दोस्ती और गहरी हो गयी, वो बेहिचक मेरे मिसरों पर कैंची चलाने के लिए अधिकृत हैं। 'सियाही का सफ़र' ख़त्म करने का श्रेय जाता है विजय स्वर्णकार जी को.. जिन्होंने मुझे किताब के लिए सिर्फ़ प्रोत्साहित ही नहीं किया बल्कि ग़ज़लों को ख़ूबसूरत बनाकर इस किताब को अमली जामा भी पहनाया। अगर विजय स्वर्णकार जी से मुलाक़ात न हुई होती तो शायद ये किताब न आती और आती भी तो पता नहीं कब आती। आपको शुक्रिया कहने के लिए वाक़िई मेरे पास अल्फ़ाज़ नहीं हैं।

यहाँ मैं अपने परिवार (मेरी पत्नी वंदना और जुड़वां बच्चों व्योम, वसुधा) का उल्लेख ज़रूर करना चाहूँगा कि मेरे इस सफ़र में उनकी वज्ह से कभी कोई बंदिश नहीं रही बल्कि हमारे साहित्यिक आयोजनों में भी उनकी तरफ़ से यथासंभव पूरा सहयोग मिला।

अनगिनत लोग, जो मेरी ज़िन्दगी में क़दम क़दम पर मुझे हौसला देते रहे कभी कभी आलोचक बनकर भी साथ रहे, मैं उन सभी का तहे-दिल से शुक्रिया करना चाहता हूँ ।

ये मुहब्बत ही मेरी जमा पूँजी है।

पाठकों से, ख़ास कर, उस्ताद शुअरा से मेरी गुज़ारिश है कि मेरी ख़ामियाँ तलाश कर मुझे बेहतर करने में मेरी मदद ज़रूर करें।

-दीपक नगायच 'रोशन'

76-ई, सी-ब्लॉक, मीरा नगर, भुवाणा,

उदयपुर (राजस्थान)- 313001

फोन . 9460826878

अनुक्रम

सफ़र सियाही का

1. निभती नहीं है मिसरे में ऐसी रदीफ़ है

निभती नहीं है मिसरे में ऐसी रदीफ़ है
और तुम ये कह रहे हो कि अच्छी रदीफ़ है

इक नाम तेरा आने से रंगत बदल गयी
अब क़ाफ़िया भी महका है महकी रदीफ़ है

ऐसी ग़ज़ल कही है किसी बागबान ने
भँवरे हैं जिसमें क़ाफ़िए तितली रदीफ़ है

तुम ज़िन्दगी की कोई ग़ज़ल पढ़ के देख लो
मिट्टी है उसमें क़ाफ़िया मिट्टी रदीफ़ है

पानी के साथ आग को रख कर चले हैं हम
सो आग क़ाफ़िया है तो पानी रदीफ़ है

माँझी को गुनगुनाते सुना मैंने बारहा
पतवार मेरा क़ाफ़िया कश्ती रदीफ़ है

रोशन तेरे ख़याल को रखना था इसलिए
तुझको ग़ज़ल में ढाला है तू ही रदीफ़ है

2 .बेशक वो हमसे हो के जुदा भूल जाएँगे

बेशक वो हमसे हो के जुदा भूल जाएँगे
इक दिन हमारा नामो-पता भूल जाएँगे

क्या क्या रखेंगे याद वो क्या भूल जाएँगे
लेकिन यक़ीं है वादे वफ़ा भूल जाएँगे

सजदे में यूँ तो लोग नज़र आऐंगे मगर
देखेंगे जब तुम्हें तो दुआ भूल जाएँगे

सारे गुनाह उनके मेरे सर पे आ गए,
अच्छा है अब वो अपनी ख़ता भूल जाएँगे

मज़हब की आड़ ले के जो करते हैं वो गुनाह
भगवान अपना अपना ख़ुदा भूल जाएँगे

शम्सो-क़मर को देख के रोशन बताइए
क्या जुगनू एक रोज़ ज़िया भूल जाएँगे

शम्सो-क़मर -सूरज-चाँद

3. उसकी दुआ ने काम किया ही न ठीक से

उसकी दुआ ने काम किया ही न ठीक से
यानी मुझे तमाम किया ही न ठीक से

खुश है वो मेरा चैनो-सुकूँ लूट कर मगर
जीना मेरा हराम किया ही न ठीक से

फिर किसलिए वो ख़्वाब में आते बताइए
आँखों ने एहतिराम किया ही न ठीक से

उसकी अगर अना है तो मेरा भी है वक़ार
जब भी मिले सलाम किया ही न ठीक से

एज़ाज़ कैसे मिलते हमें उनकी बज़्म में
सज्दा जो सुब्हो-शाम किया ही न ठीक से

महबूब तेरा अब भी समझते हैं सब मुझे
बदनाम तूने नाम किया ही न ठीक से

सारे चिराग़ बज़्म के रोशन थे रात भर
तूफ़ाँ ने इंतिज़ाम किया ही न ठीक से

एहतिराम -सम्मान, वक़ार -प्रतिष्ठा , एज़ाज़-सम्मान
सज्दा -सम्मान में झुकना

4. कहीं पतझड़ कहीं मौसम सुहाने मिल ही जाते हैं

कहीं पतझड़ कहीं मौसम सुहाने मिल ही जाते हैं
मेरी आवारगी को भी ठिकाने मिल ही जाते हैं

हमारे दिल को हम यूँ ही दिले-बिस्मिल नहीं कहते
उन्हें तो बारहा हम-से निशाने मिल ही जाते हैं

चलो अब कशमकश छोड़ो अगर इनकार की ज़िद है
बहाने ढूँढो तो बेहतर बहाने मिल ही जाते हैं

हमें तो दूर जाने की ज़रूरत भी नहीं पड़ती
तुम्हारी यादों के लश्कर सरहाने मिल ही जाते हैं

ग़मों की ज़ख़्मों की ख़ातिर भटकना भी नहीं पड़ता
ज़माने से हमें ऐसे ख़ज़ाने मिल ही जाते हैं

तुम्हारे शहर में सब अजनबी होंगे ये सोचा था
मगर कुछ दोस्त महफ़िल में पुराने मिल ही जाते हैं

जहाँ सच की कोई क़ीमत समझता ही नहीं रोशन
वहाँ भी झूठ को दो चार आने मिल ही जाते हैं

दिले-बिस्मिल -घायल दिल

5. कैसे होगी बशर की बसर ज़िन्दगी

कैसे होगी बशर की बसर ज़िन्दगी
लम्हा लम्हा है जब पुरख़तर ज़िन्दगी

तुझको देखा है मैंने भी नज़दीक से
देख तू भी मुझे इक नज़र ज़िन्दगी

हम तो मिट्टी हैं मिट्टी को डर कुछ नहीं
मौत का तो तुझे ही है डर ज़िन्दगी

चलते जाना ही तेरा जूनूं है मगर
मेरे दर परभी कुछ तो ठहर ज़िन्दगी

तेरी तक़्दीर में कुछ तो आराम हो
क्यूँ भटकती रहे दर-बदर ज़िन्दगी

बाद मेरे कोई याद मुझको करे
इतनी भी तो नहीं पुर-असर ज़िन्दगी

और कब तक रहेंगी ये तारीकियाँ
कर अता एक रोशन सहर ज़िन्दगी

बशर -आदमी, पुरख़तर -ख़तरों से भरा , मुख़्तसर -छोटा
अज़ाब -कष्ट, सहर -सुब्ह / सवेरा

6. मिली हैं जो जफ़ाकारी की सौग़ातें अधूरी हैं

मिली हैं जो जफ़ाकारी की सौग़ातें अधूरी हैं
अभी वादा-खिलाफ़ी की खुराफ़ातें अधूरी हैं

वो शायद इसलिये आते नहीं हैं रू-ब-रू मेरे
अभी ख़्वाबो-ख़यालों में मुलाक़ातें अधूरी हैं

तुम्हारे लब की लग्ज़िश ने यक़ीनन कुछ कहा होगा
तुम्हारे दिल से इस दिल की अभी बातें अधूरी हैं

वो ले के आ गया फिर से नए ज़ख़्मों की सौग़ातें
उसे मालूम है आँखों में बरसातें अधूरी हैं

अभी जलवा फ़रोशी हुक्मरां की देखी है सबने
अभी नाज़िम के हिस्से की क़रामातें अधूरी हैं

कभी तो आएगी रोशन सहर इक रोज़ अपनी भी
'सियाही के सफ़र' की कुछ अभी रातें अधूरी हैं

जफ़ाकारी -उत्पीड़न , कष्ट
लग्ज़िश -कँपकपाहट
जलवा फ़रोशी -धूमधाम
नाज़िम -अधिकारी

7. कहीं बेहिसी है कहीं बेबसी है

कहीं बेहिसी है कहीं बेबसी है
हक़ीक़त यही है यही ज़िन्दगी है

शबे-वस्ल की जब घड़ी आ गयी है
तो नम क्यूँ हैं आँखें बता क्या कमी है

ज़माने पे उंगली उठाते हैं जो भी
यक़ीनन उन्हीं की नज़र में कमी है

मेरी चाहतों के हर इक आईने में
जो सूरत थी पहले वही आज भी है

ये जाना है तारीकियों से गुज़र कर
अंधेरों के आगे नयी रोशनी है

समंदर ने अपनी हदें तोड़ डालीं
मगर उसके लब पर अभी तश्नगी है

अजब ढंग दुनिया का देखा है रोशन
जहाँ है उजाला वहीं तीरगी है

बेहिसी –चेतना का अभाव , शबे-वस्ल –मिलन की रात,
तश्नगी –प्यास

8.गुफ़्तगू करती हुई कुछ चिट्ठियाँ रह जाएँगी

गुफ़्तगू करती हुई कुछ चिट्ठियाँ रह जाएँगी
और उनके साथ थोड़ी सिसकियाँ रह जाएँगी

ख़्वाब तेरे या सदाएँ तेरी और तू भी नहीं
क्या मेरे कमरे में बस ख़ामोशियाँ रह जाएँगी

नेकियाँ ही साथ तेरे जा सकेंगी आख़िरश
और इस फ़ानी जहाँ में तख़्तियाँ रह जाएँगी

एक दिन ऐसा भी होगा ढूँढेगे इंसान को
चारसू उजड़ी हुई जब बस्तियाँ रह जाएँगी

सुनते आये हैं बुज़ुर्गों से हमेशा नेक बात
बाद तेरे दुनिया में बस नेकियाँ रह जाएँगी

उम्र के दिन आप गिनते ही रहेंगे रात दिन
तो यक़ीनन ज़िन्दगी की मस्तियाँ रह जाएँगी

कलियों को खिलने से पहले ही मसलने वाले सुन
क्या गुलों के बिन चमन में तितलियाँ रह जाएँगी

दिल को रोशन कर रहा है सिर्फ़ तेरा ही वजूद
तू नहीं होगा तो फिर तारीकियाँ रह जाएँगी

गुफ़्तगू –बातचीत , आख़िरश –अंत में,
फ़ानी जहां–नश्वर दुनिया , तारीकियाँ –अँधेरे

9. तमाम ख़्वाब अभी तक मेरे अधूरे हैं

तमाम ख़्वाब अभी तक मेरे अधूरे हैं?
वो, ज़ेह्नो-दिल के सभी फ़ैसले अधूरे हैं

हमें ये कह के दिया हौसला थकानों ने
नहीं तू हारा है बस हौसले अधूरे हैं?

न अब है वस्ल का झगड़ा न हिज्र का झगड़ा
तअल्लुकात के कुछ मसअले अधूरे हैं

वो रू-ब-रू तो नहीं आता, ख़्वाब में आकर
बताता है कि अभी फ़ासले अधूरे हैं

न पायलों की छनक है न चूड़ियों की खनक
तेरी हँसी के बिना कहकहे अधूरे हैं

ज़रूर पहुँचेगा मंज़िल पे एक दिन रोशन
मगर सफ़र के बिना रास्ते अधूरे हैं

10. उसी के दस्तो-बाज़ू बोलते हैं

उसी के दस्तो-बाज़ू बोलते हैं
करम जिसके कि हरसू बोलते हैं

बहुत मुश्किल है अब ख़ामोश रहना
न बोलें तो ये आँसू बोलते हैं

रिहाई क़ैद से आसां नहीं है
लिपट कर तेरे गेसू बोलते हैं

ज़रा सा 'आप' सुन लेते हैं तो लोग
सलीक़ा भूल कर तू बोलते हैं

सुनी है क्या कभी तक़रीर ऐसी
सुनो क्या ख़ूब उल्लू बोलते हैं

दरो-दीवारे-दिल रोशन रहेगें
तेरी यादों के जुगनू बोलते हैं

दस्तो-बाज़ू -हाथ, हरसू -चारो तरफ़ , गेसू -ज़ुल्फ़ें, बाल
तक़रीर -भाषण

11. न पूछ मुझसे कहाँ हूँ किधर गया हूँ मैं

न पूछ मुझसे कहाँ हूँ किधर गया हूँ मैं
बिछड़ के तुझसे तो मरना था मर गया हूँ मैं

तेरी तलाश में निकला था मैं वफ़ा लेकर
बुतों की बस्ती में आ कर ठहर गया हूँ मैं

यक़ीं है अब तो मिलेगी मुझे मेरी मंज़िल
कि हादसों के सफ़र से गुज़र गया हूँ मैं

समेट रक्खा था ख़ुद को ख़ुदी में मुद्दत से
ख़ुदी से हार के ख़ुद में बिखर गया हूँ मैं

उठा है शोर क़यामत का ज़ेह्नो-दिल में मेरे
ये मेरा डर है कि सच में ही डर गया हूँ मैं

नसीब मेरा हुआ ही नहीं कभी रोशन
तुम्हारे दर पे तो शामो-सहर गया हूँ मैं

12. नज़रों का जब एक इशारा होता है

नज़रों का जब एक इशारा होता है
ज़ेह्नो-दिल में तेज़ धमाका होता है

हम अपने अख़्लाक़ को ही क़ाइम रक्खें
दुन्या में तो जाने क्या क्या होता है

वक़्त मिले तो ख़ुद से कुछ बातें करना
कहने सुनने से जी हल्का होता है

बस ये सोच के हम दिल को बहलाते हैं
जो भी होता है वो अच्छा होता है

जो अपने ही नूर से रोशन होता हो
लाखों में वो एक सितारा होता है

अख़्लाक़ –अच्छा आचरण

13. इश्क़ में मुब्तला नहीं होता

इश्क़ में मुब्तला नहीं होता
तो ख़ुदा भी ख़ुदा नहीं होता

उसकी शर्तों पे ख़र्च होते तो
अपना कुछ भी बचा नहीं होता

ये तुम्हीं हो जो छेड़ देते हो
ज़ख़्म वर्ना हरा नहीं होता

लोहा लोहे को काटता है मगर
दर्द, ग़म की दवा नहीं होता

टूटी है हद, नहीं तो पलकों से
ऐसे गौहर गिरा नहीं होता

दूसरों से वफ़ाएँ लेकर भी
बे-वफ़ा, बा-वफ़ा नहीं होता

कुछ इनायत हवाओं की भी है
वर्ना रोशन दिया नहीं होता

मुब्तला –आसक्त, राबता –संबंध, बशर –इंसान
गौहर –मोती

14. तुम गए तो फिर सताने कौन आएगा

तुम गए तो फिर सताने कौन आएगा
दिल की वीरानी मिटाने कौन आएगा

राहे-उल्फ़त में वफ़ा का छोड़कर दामन
फिर मुझे मुजरिम बताने कौन आएगा

चार कांधे तो हमें मिल जाएँगे लेकिन
यादों की रस्में निभाने कौन आएगा

नींद! आधे चाँद से ये पूछ तो आख़िर
ख़्वाब में, मेरे सिरहाने कौन आएगा

कौन फिर रोशन करेगा दिल के बामो-दर
तुम नहीं तो, दिल जलाने कौन आएगा

बामो-दर -छत, दरवाज़ा

15. उसके होटों पे मेरा नाम मचलते देखा

उसके होटों पे मेरा नाम मचलते देखा
एक पत्थर को सरेआम पिघलते देखा

वक़्त की तर्ह न बदलेंगे कहा था जिसने
वक़्त बे-वक़्त उसे हमने बदलते देखा

दिल में तूफ़ान उठाये हैं तेरी यादों ने
आज फिर ख़ुद को बवंडर में सँभलते देखा

आज फिर उस से मुलाक़ात नहीं हो पाई
फ़ैसला मेरे मुक़द्दर का यूँ टलते देखा

शर्म से साँप छुपा बैठा है तब से बिल में
उसने इंसान को जब ज़ह्र उगलते देखा

16. इश्क़ दरअस्ल वो कहानी है

इश्क़ दरअस्ल वो कहानी है
जिसकी कोई न तरजुमानी है

दिल में रहता है वो मेरे यानी
मुझ पे इतनी तो मेहरबानी है

ज़िन्दगी तेरे साथ ही जी थी
अब तो कहने को ज़िन्दगानी है

ज़ख़्मे-दिल से, न तुझसे कोई गिला
ये मेरे प्यार की निशानी है

मैं तो उसको गुलाब कहता हूँ
लोग कहते हैं रात रानी है

मेरे हर ख़्वाब में वो आये नज़र
यानी ख़्वाबों की पासबानी है

ये फ़ज़ा उस से ही तो है रोशन
चारसू नूरे-कहकशानी है

तरजुमानी -व्याख्या, पासबानी -निगरानी,
नूरे-कहकशानी -आकाशगंगा की रौशनी

17. झूठी हँसी के शौक़ ने क्या क्या बना दिया

झूठी हँसी के शौक़ ने क्या क्या बना दिया
बस दो घड़ी के शौक़ ने क्या क्या बना दिया

यायावरी के शौक़ ने क्या क्या बना दिया
आवारगी के शौक़ ने क्या क्या बना दिया

फ़रहाद कोई कहता है मजनूँ कोई मुझे
दिल की लगी के शौक़ ने क्या क्या बना दिया

दीवानगी की सारी हदें तोड़नी पड़ीं
दीवानगी के शौक़ ने क्या क्या बना दिया

शागिर्द अपने हाल का क्या क्या बयाँ करे
उस्ताद जी के शौक़ ने क्या क्या बना दिया

मुझको तुम्हारे नाम से ही जानते हैं लोग
इस आशिक़ी के शौक़ ने क्या क्या बना दिया

हम जानते हैं जिसको समुंदर के नाम से
उसको नदी के शौक़ ने क्या क्या बना दिया

खुद ही भटक रहा हूँ मैं अपनी तलाश में
हाँ, रहबरी के शौक़ ने क्या क्या बना दिया

रोशन हुआ है अपना नशेमन जला के वो
इक रौशनी के शौक़ ने क्या क्या बना दिया

18. बोझ जो अपना उठाने से रहा

बोझ जो अपना उठाने से रहा
आसमां पर वो तो छाने से रहा

उसकी चश्मे-तर बयाँ कर देगी सब
दर्दे-दिल वो तो सुनाने से रहा

मर्सिया पढ़ता रहा जो उम्र भर
अब ग़ज़ल वो गुनगुनाने से रहा

इश्क़ में जो पड़ गयी उस शम्अ को
एक झोंका तो बुझाने से रहा

जिसको आरक्षण की बैशाखी मिली
इल्म पर वो सर खपाने से रहा

एक उसका ख़्वाब ही है हमसफ़र
जो हमेशा ही सरहाने से रहा

अब भी रोशन हैं मेरी ख़ुद्दारियाँ
तीरगी! मैं सर झुकाने से रहा

चश्मे-तर –नम आँख
मर्सिया –किसी की मौत पर पढ़ा जाने वाला काव्य
तीरगी –अँधेरा

19. होना तो चाहिए था मगर कुछ नहीं हुआ

होना तो चाहिए था मगर कुछ नहीं हुआ
मेरी वफ़ा का उन पे असर कुछ नहीं हुआ

चाहा था दिल की धड़कनें थम जाएँ हिज्र में
हो जाये मेरा चाक जिगर, कुछ नहीं हुआ

रुस्वाइयों के ख़ौफ़ से वो भी रहे ख़मोश
इज़हारे-इश्क़ हम से इधर कुछ नहीं हुआ

उम्मीद थी कि हमको नज़र भर वो देख लें
बिस्मिल करें वो तीरे-नज़र, कुछ नहीं हुआ

हम सोचते थे उसके बिना जी न पाएँगे
पर ज़िन्दगी में ज़ेरो-ज़बर कुछ नहीं हुआ

जिनकी सिफ़ारिशें हैं वही कामयाब हैं
आया न काम अपना हुनर, कुछ नहीं हुआ

रोशन किसी के ज़ेह्न को कर भी न पाए वो
बेताब तो थे शम्सो-क़मर कुछ नहीं हुआ

हिज्र-विरह, ज़ेरो-ज़बर -अस्त व्यस्त / उथल पुथल

20. टुकड़े-टुकड़े सा जब बिखरते हैं

टुकड़े-टुकड़े सा जब बिखरते हैं
हम में कुछ नक़्श तब उभरते हैं

राहे-उल्फ़त से आप डरते हैं
फिर भी उस राह से गुज़रते हैं

याद आते हैं जो कि मतलब पर
वो मरासिम बहुत अखरते हैं

ज़िन्दा रहती हैं ख़्वाहिशें दिल में
रोज़ आँखों में ख़्वाब मरते हैं

आईने को ग़ुरूर है ख़ुद पर
रू-ब-रू जिसके वो सँवरते हैं

उनकी उम्मीद हम से है रोशन
जो हमें ना-उमीद करते हैं

21. यूँ ही नहीं वो तौर तरीक़े बदल गए

यूँ ही नहीं वो तौर तरीक़े बदल गए
घर के बुज़ुर्ग बदले तो बच्चे बदल गए

मैं मुतमइन था फ़र्ज़ निभाएँगे आप भी
रिश्ते मगर तमाम हमारे बदल गए

बूढ़े शजर ने शाखें गँवाई न उम्र भर
लेकिन वो ग़मज़दा था कि पत्ते बदल गए

वो ही चमन है ख़ुश्बुएँ और बागबाँ वही
जो तुम नहीं तो तितलियाँ भँवरे बदल गए

अब गेसुओं की छाँव भी तक़्दीर में नहीं
बा-एतिबार थे जो वो साए बदल गए

चेहरे पे मेरे अक्स नुमायाँ उन्हीं का था
और वो ये कह रहे थे कि कितने बदल गए

रोशन चराग़ तुझको बुझा देंगी आँधियाँ
तूफ़ान से जो लड़ने के जज़्बे बदल गए

मुतमइन -विश्वास, शजर -पेड़

22. मरने वाले को कई ख़्वाब दिखा देते हैं

मरने वाले को कई ख़्वाब दिखा देते हैं
जाने क्या सोच के कुछ लोग दुआ देते हैं

बेधड़क दौड़े चले आते हैं मेरी जानिब
क्यों ग़मों को वो मेरे घर का पता देते हैं

अपने ईमान की देते हैं दुहाई जो लोग
खोटा सिक्का भी वही लोग चला देते हैं

अपने चेहरे से उड़ा पाते नहीं जो मक्खी
हाँ हथेली पे वही सरसों उगा देते हैं

उँगलियाँ खुद की तरफ़ मुड़ती हैं बाक़ी तीनों
आप जब औरों पे इक उँगली उठा देते हैं

जब भी तज्वीज़ उजालों की करें हम रोशन
लोग आते हैं चराग़ों को बुझा देते हैं

तज्वीज़ –योजना

23. पाला है कितने नाज़ से काँटों से पूछ लो

पाला है कितने नाज़ से काँटों से पूछ लो
लेकिन चुभन की टीस गुलाबों से पूछ लो

ज़िंदा हैं कैसे ख़्वाहिशें ये दिल को है पता
मरते हैं कैसे ख़्वाब ये आँखों से पूछ लो

कुछ लोग चाँदनी की तरफ़दारियों में हैं
हम चाँद की तरफ़ हैं सितारों से पूछ लो

लहरों के बचपने को सिरे से नकार कर
कितना सहा है दर्द किनारों से पूछ लो

रोशन रखा है हमने चराग़ों को रात भर
क्या क्या न हम पे गुज़री हवाओं से पूछ लो

24. ख़ूबसूरत गुलाब सा चेहरा

ख़ूबसूरत गुलाब सा चेहरा
यानी दिल की किताब सा चेहरा

इक समुंदर है उसकी आँखों में
आबशारों के आब सा चेहरा

हम अमावस की रात जैसे हैं
वो हसीं माहताब सा चेहरा

क्यों न तारी सुरूर हो हम पर
वो सरापा शराब सा चेहरा

मेरे ख़्वाबों से मिलता जुलता है
उसके ख़्वाबों के ख़्वाब सा चेहरा

सुब्ह होती है देख कर रोशन
सुर्ख़रू आफ़ताब सा चेहरा

आब –पानी, आबशार –झरना, आफ़ताब –सूरज

25. अगर दे सको तो उन्हें आसरा दो

अगर दे सको तो उन्हें आसरा दो
ग़रीबों को वादों का मत झुनझुना दो

हसद और नफ़रत है जिनके दिलों में
मुहब्बत का उनको कोई फ़लसफ़ा दो

इनायत रक़ीबों पे करते रहे तुम
कभी तो मेरे हक़ में भी फ़ैसला दो

ये नादान दिल तिफ़्ल सा ज़िद पे उतरा
मुझे ये दिला दो मुझे वो दिला दो

अगर नाम उसका लिखा ही नहीं है
मेरे हाथों की ये लकीरें मिटा दो

चराग़ों को रोशन किया हमने फिर से
न रास आये तुमको तो फिर से बुझा दो

26. उसे थोड़ी मुहब्बत की जो आदत और हो जाती

उसे थोड़ी मुहब्बत की जो आदत और हो जाती
हमें अपनी मुहब्बत से मुहब्बत और हो जाती

अगर किरदार में उसके नफ़ासत और हो जाती
तो इज़्ज़त में भी उसकी कुछ इज़ाफ़त और हो जाती

तुम्हें दिल से भुलाने की भी कोशिश कर तो लेते हम
मगर नाकाम रहने पर मुसीबत और हो जाती

तकल्लुफ़ छोड़ कर सारे अगर वो मिलने आ जाता
यक़ीनन मेरी चाहत में भी बरकत और हो जाती

ग़नीमत थी तेरे रुख़सार पर ज़ुल्फ़ों का चिलमन था
वगरना फिर सरे-महफ़िल क़यामत और हो जाती

ग़नीमत है कि दिल के मसअले हल होते हैं दिल से
वकालत ज़ेह्न करता तो मुसीबत और हो जाती

चलो अच्छा हुआ आपस में सुलझा ली गयीं बातें
अदालत तक पहुँच जाते तो नफ़रत और हो जाती

हमारी ज़िन्दगी यूँ तो सदा रोशन रही लेकिन
तुम्हारा साथ मिल जाता तो लज़्ज़त और हो जाती

27. चाँदनी ख़ामोश है हर इक घटा ख़ामोश है

चाँदनी ख़ामोश है हर इक घटा ख़ामोश है
हिज्र की ख़ामोश शब, उसकी रिज़ा ख़ामोश है

ज़ेह्नो-दिल के शोर ही से मैंने चाही थी नजात
ये ग़ज़ब ढाया है किसने हर सदा ख़ामोश है

और भी बाक़ी हैं कुछ दस्तूर राहे-इश्क़ के
बुर्दवारी है मेरी, राहे-वफ़ा ख़ामोश है

हक़नवाई की ख़ता मैं बेख़ुदी में कर गया
हूँ कफ़स में क़ैद यारों और सज़ा ख़ामोश है

मुझको तन्हा छोड़कर जब से गया वो बेवफ़ा
सच कहूँ तो तब से ही ये रास्ता ख़ामोश है

शर्म से उठतीं नहीं नज़रें किसी के सामने
शीशा घर में अक्स क्या हर आइना ख़ामोश है

वो मुसद्दिक़,वो ही मुंसिफ़,वो ही मुजरिम है यहां
अद्ल की मजबूरियाँ हैं फ़ैसला ख़ामोश है

नाउमीदी में भी है उम्मीद का रोशन चराग़
इश्क़ जारी रख अदावत की हवा ख़ामोश है

बुर्दवारी –सहनशीलता, मुसद्दिक़ –प्रमाणित करने वाला,
मुंसिफ़ –न्याय करने वाला, अद्ल –न्याय

28. ऐसा नहीं कि हुस्न से माइल नहीं रहा

ऐसा नहीं कि हुस्न से माइल नहीं रहा
लेकिन ये दिल भी इश्क़ में बातिल नहीं रहा

सीरत ख़ुदा ने दी है तो किस बात का अलम
हुस्न-ओ-जमाल गर तुझे हासिल नहीं रहा

अब नाख़ुदा पे अपने करूँ किस तरह यक़ीं
जब मोतबर नसीब का, साहिल नहीं रहा

उसकी ज़बां पे नाम रक़ीबों का था मगर
बस ज़िक्र एक मेरा ही शामिल नहीं रहा

सैयाद आ गया तो परिंदे सहम गये
हर लम्हा उसके बाद का ग़ाफ़िल नहीं रहा

मक़्तूल से भी पूछ लो ज़िन्दा है या नहीं
क़ातिल तो कह रहा है वो क़ातिल नहीं रहा

कहने को लोग कुछ भी कहें, उनकी मर्ज़ियाँ
रोशन कभी भी उनके मुक़ाबिल नहीं रहा

माइल -आकर्षित, बातिल -निकम्मा, अलम-दुख,
ग़ाफ़िल -असावधान / बेख़बर, मक़्तूल -जिसे क़त्ल किया गया हो

29. दिया बुझने न देना अब किसी का

दिया बुझने न देना अब किसी का
यहाँ पहरा बहुत है तीरगी का

तड़पते हैं कई हसरत भरे दिल
नतीजा देखिए तो आशिक़ी का

बढ़े जाते हैं राहे बंदगी में
नहीं है रास्ता अब वापसी का

जो इक इमदाद मांगी दोस्तों से
हुआ है ज़र्द चेहरा अब सभी का

रहे रोशन मुहब्बत दिल में अपने
यही इक फ़लसफ़ा है ज़िंदगी का

इमदाद –मदद, ज़र्द –पीला

30. इश्क़ में ज़ीस्त के लम्हात बदल जाते हैं

इश्क़ में ज़ीस्त के लम्हात बदल जाते हैं
साथ हो उसका तो हालात बदल जाते हैं

खोया रहता हूँ मैं अक्सर ही तेरे ख्वाबों में
और चुपके से ये दिन रात बदल जाते हैं

तू मेरा जाने-जिगर जाने-तमन्ना मेरी
वक़्त के साथ ये जज़्बात बदल जाते हैं

ज़िक्र होता है तेरा जब भी किसी महफ़िल में
अच्छे अच्छों के ख़यालात बदल जाते हैं

किस तरह दूँ मैं जवाब उसको बड़ी उलझन है
उसके हर बार सवालात बदल जाते हैं

जब भी करता हूँ कोई बात मैं अपने दिल की
इक अदा से वो मेरी बात बदल जाते हैं

उसकी क़ुर्बत में ग़ज़ल रंग बदल लेती है
और कुछ जज़्बा-ए-नग़्मात बदल जाते हैं

ज़ीस्त -ज़िन्दगी, क़ुर्बत -नज़दीकी

31. चश्म-ए-तर की न कहीं ऐसी रवानी देखूँ

चश्म-ए-तर की न कहीं ऐसी रवानी देखूँ
दर्द की अब न कोई और कहानी देखूँ

बच्चे तो रब की दुआओं का सबब होते हैं
फूल से चेहरों पे ग़म की न निशानी देखूँ

जाग उठे फिर से वही ग़ैरते-इंसां यारो
आँख में रंग बदलता हुआ पानी देखूँ

इश्क़ में मरने की बातें तो सभी करते हैं
जो हो क़ुर्बान वतन पर वो जवानी देखूँ

यादे-माज़ी की किताबों के वरक पलटूँ तो
एक तस्वीर वही तेरी पुरानी देखूँ

तेरा रोशन तो अँधेरों में जिया करता है
तू इधर आए तो इक शाम सुहानी देखूँ

यादे-माज़ी -बीते वक़्त की यादें

32. अँधेरा अपने अंदर का हटाया क्यूँ नहीं जाता

अँधेरा अपने अंदर का हटाया क्यूँ नहीं जाता
चरागे़-दिल मुहब्बत का जलाया क्यूँ नहीं जाता

कभी उल्फ़त में हमने गुनगुनाए थे कई नग़मे
मगर अब इक तराना भी सुनाया क्यूँ नहीं जाता

ग़ुरूर ओ तंज़ की हद क्यूँ बना रक्खी हैं लोगों ने
अब इन दीवारों को आख़िर गिराया क्यूँ नहीं जाता

न जाने बेबसी इंसान क्यों महसूस करता है
लबों पर मुस्कुराहट को सजाया क्यूँ नहीं जाता

सुना करते हैं सबसे पाक रिश्ता है मुहब्बत का
वही रिश्ता किसी से अब निभाया क्यूँ नहीं जाता

कहीं पर मज़हबी झगड़े कहीं पे साये नफ़रत के
दिलों में प्यार का दीपक जलाया क्यूँ नहीं जाता

यहाँ हिन्दू मुसलमाँ सिक्ख ईसाई तो हैं लेकिन
बशर कोई कभी रोशन बनाया क्यूँ नहीं जाता

33. कम ही होते हैं मुहब्बत को निभाने वाले

कम ही होते हैं मुहब्बत को निभाने वाले
हैं ज़ियादह तो मुहब्बत में सताने वाले

आँखें तो ढूँढती रहती हैं तुझे हसरत से
ख़्वाब जगती हुई आँखों में सजाने वाले

रातें रो रो के गुज़ारी हैं बहुत मैंने भी
तुम अकेले तो नहीं अश्क बहाने वाले

अश्क आँखों से निकल आये बहुत अच्छा है
तश्नगी और मेरी तुम थे बढ़ाने वाले

मेरा हमराज़ भी हमदम भी वही है हरदम
सारी दुनिया को बताएँगे बताने वाले

दिल की बस्ती को तो जलते हुए देखा सबने
पर न देखे गये वो आग लगाने वाले

नींद आ जाये तो भी आँख खुली रखिएगा
हैं बहुत लोग यहाँ ख़्वाब चुराने वाले

उसके ही नूर ने दुनिया को किया है रोशन
भूल जाते हैं यही बात ज़माने वाले

34. आदमी कोई हो, जीना चाहता है

आदमी कोई हो, जीना चाहता है
ज़िन्दगी का ज़ह्र पीना चाहता है

उसकी नादानी ही समझेंगे इसे तो
संगदिल हो कर नगीना चाहता है

करके वो दिलरेश बनता हमनवा भी
ज़ख़्म दे कर अब वो सीना चाहता है

ज़िंदगी भर कीं बहुत मक्कारियाँ फिर
कौन से हक़ से मदीना चाहता है

ख़्वाब है सहरा में मिलना आबशार
रेत पर तू क्यों सफ़ीना चाहता है

तू किए जा डूब कर रोशन मुहब्बत
हर हुनर तेरा पसीना चाहता है

35. रक्खोगे अगर दिल में सदाक़त का सलीक़ा

रक्खोगे अगर दिल में सदाक़त का सलीक़ा
आएगा तभी तुमको इबादत का सलीक़ा

मदहोश है वो अपनी हवस ही के नशे में
सूरत का सलीक़ा है न सीरत का सलीक़ा

दुश्मन को भी सीने से लगाना है ज़रूरी
सीखा ही नहीं तुमने अदावत का सलीक़ा

इन्कार करे कैसे वो उलझन तो यही है
उल्फ़त में तो जायज़ है शरारत का सलीक़ा

महफ़िल में उन्हीं चंद रक़ीबों की भीड़ है
आता ही नहीं जिनको रक़ाबत का सलीक़ा

हासिल ही उसे होगा जो रोशन की तरह हो
आसान नहीं होता है उल्फ़त का सलीक़ा

सदाक़त –सच्चाई, रक़ाबत –दो प्रेमियों की आपस की डाह, ईर्ष्या

36. दिल भी बड़ा हो और नज़र में कमी नहीं

दिल भी बड़ा हो और नज़र में कमी नहीं
कोई भी नाशनास यहाँ अजनबी नहीं

मलबूस उसके क़ीमती ज़ेवर भी क़ीमती
एहसास उसके लगते मगर क़ीमती नहीं

सूरत पे अपनी ग़ौर कभी तो किया करो
हर बार आइनों की कमी ही कमी नहीं

दौलत जहान भर की अगर मिल गई तो क्या
इंसानियत नहीं है तो वो आदमी नहीं

इज़हार-ए-इश्क़ करता तो करता भी किस तरह
दिल उसका कह रहा था कि ठहरो, अभी नहीं

मुश्किल हुई है ख़ूब जो कहने लगे ग़ज़ल
रोशन हुए ख़याल मगर शाइरी नहीं

नाशनास –पहचानने वाला, मलबूस –कपड़े

37. रोशन फ़लक पे कोई सितारा नहीं हुआ

रोशन फ़लक पे कोई सितारा नहीं हुआ
होगा किसी का होगा हमारा नहीं हुआ

ग़म के सहारे जी लिए वो कौन लोग हैं
ग़म तो कभी हमारा सहारा नहीं हुआ

रंगीनियाँ ज़माने में थीं पुर-असर मगर
अपना किसी से फिर भी गुज़ारा नहीं हुआ

आए तुम्हारे ख़्वाब तो अब के भी बेशुमार
दीदार फिर भी हमको तुम्हारा नहीं हुआ

राज़ी थे साथ चलने को हम दोनों उम्र भर
तक़्दीर का ही कोई इशारा नहीं हुआ

रोशन हुआ है प्यार मगर पहले जैसा प्यार
गुज़री तमाम उम्र दुबारा नहीं हुआ

38. ख़यालों में कि ख़्वाबों में तुम्हें फिर से अगर ढूँढें

ख़यालों में कि ख़्वाबों में तुम्हें फिर से अगर ढूँढें
हमें इतना बता दो तुम कि ढूँढें तो किधर ढूँढें

मुक़द्दर ख़ुद भटकता ठोकरें खाता है अब दर-दर
हम अपनी राह ढूँढे या मुक़द्दर दर-ब-दर ढूँढें

मेरे यारो सुनो तुम क़ाफ़िए बनकर चले आओ
रदीफ़ अब हूँ ग़ज़ल की दूसरे क्यों हमसफ़र ढूँढें

हमारी बेख़ुदी क़ाइम रहे तो फिर ज़रूरी है
कि ढूँढें तुम सा इक साक़ी तुम्हारी सी नज़र ढूँढें

मुहब्बत है मुहब्बत थी रहेगी उम्र भर उनसे
मगर वो हैं कि मुझ सा दूसरा कोई बशर ढूँढें

सताती हैं बहुत तन्हाइयाँ तारीकियाँ बन कर
कहाँ जाकर तुम्हारी यादों की रोशन सहर ढूँढें

हमारे हिज्र के सूरज की होगी कम तपिश आओ
कहीं चलकर वो अपने वस्ल का रोशन क़मर ढूँढें

39. फ़लक पर जैसे सूरज ने कोई पैग़ाम लिक्खा है

फ़लक पर जैसे सूरज ने कोई पैग़ाम लिक्खा है
धनक की आड़ में देखो तुम्हारा नाम लिक्खा है

ये मेरी बदनसीबी है कि उसके कूचे में हरसू
जहाँ तक भी नज़र जाए मुझे बदनाम लिक्खा है

ज़माने भर की रुसवाई भरी महफ़िल में तन्हाई
किताबे-इश्क़ में आशिक का ये अंजाम लिक्खा है

नशाते-रूह आ जाए फ़क़त दीदार से उसके
मगर क़िस्मत में कब ऐसा मुझे आराम लिक्खा है

वो चाहे तो पिला दे ख़ुद हमें मदमस्त नज़रों से
मगर तक़्दीर में अपनी तो ख़ाली जाम लिक्खा है

उसी के नूर से रोशन हमारी बज़्म के दर पर
लिखा है गुलबदन उसको कभी गुलफ़ाम लिक्खा है

वो सूरज की तरह रोशन उतर आती है गीतों में
उसे ग़ज़लों में हमने ख़ूबसूरत शाम लिक्खा है

नशाते-रूह –आत्मा की ख़ुशी

40. उस तक भी मुहब्बत का ऐ काश असर जाए

उस तक भी मुहब्बत का ऐ काश असर जाए
शादाब मरासिम हों तक़्दीर संवर जाए

सूरज का गुमाँ टूटे दिल धूप से भर जाए
गर ज़ुल्फ़ कभी तेरी सूरज पे बिखर जाए

जज़्बा-ए-शहादत से आज़ादी मिली हमको
फिर आज वही जज़्बा हर दिल में उतर जाए

इस शह्र पे तारी है दहशत का अजब आलम
हर शख़्स परेशां है जाए तो किधर जाए

ईमान फ़रोशों से बेहतर है मेरा क़ातिल
रक्खेगा मुझे दिल में चाहे वो जिधर जाए

यूँ तेरे ख़यालों से रोशन है शबे-ग़म भी
तू ख़्वाब में जब आए शरमा के क़मर जाए

शादाब -हरा भरा / प्रफुल्लित , मरासिम -रिश्ते

41. मकातिब के सबक़ कोई कभी भूला नहीं करता

मकातिब के सबक़ कोई कभी भूला नहीं करता
ये दीगर बात है उस पर ख़रा उतरा नहीं करता

वो अक्सर कोशिशें मिलने की कह कर, टाल जाता है
कभी वो वस्ल की सूरत कोई वादा नहीं करता

अभी तक याद है मुझको तुम्हारी वो जफ़ाकारी
मैं अहसां यूँ किसी का भी कभी भूला नहीं करता

खिले हैं मुख़्तलिफ़ यूँ तो गुलिस्तां में सभी लेकिन
गुलाबों सा तेरे कोई भी गुल महका नहीं करता

तजस्सुस ही नहीं होता अगर इंसानी फ़ित्रत में
ज़मीं से चाँद तक का वो सफ़र पूरा नहीं करता

मैं दिल की बात कहता हूँ, मेरे अशआर में खुद को
सुख़नगो मीर ग़ालिब सा कभी समझा नहीं करता

मुहब्बत के चराग़ों से हुई रोशन नज़र मेरी
मैं नफ़रत का धुआँ दिल में कभी रक्खा नहीं करता

मकातिब –पाठशालाएँ, मुख़्तलिफ़ –भिन्न भिन्न, तजस्सुस–जिज्ञासा

42. क्या हुआ जो झोपड़ी रोशन नहीं

क्या हुआ जो झोपड़ी रोशन नहीं
महलों में भी ज़िन्दगी रोशन नहीं

ओढ़ रक्खे हैं बनावट के निक़ाब
कोई सूरत आज भी रोशन नहीं

बे-हयाई, झूठ, मक्कारी, फ़रेब
साथ इनके आदमी रोशन नहीं

बागबां के हाथों ही मसली गई
बाग में कोई कली रोशन नहीं

जाने कैसा ग़म किया है इख़्तियार
दिल के अंदर भी ख़ुशी रोशन नहीं

जिस जगह रोशन किए उसने चराग़
वो दरीचा वो गली रोशन नहीं

43. नुमायाँ करने को रंगे-शबाब बाक़ी है

नुमायाँ करने को रंगे-शबाब बाक़ी है
चमन में एक भी जब तक गुलाब बाक़ी है

तुम्हारे शह्र में आकर ये क्यों लगा मुझको
हर इक बशर में बहुत इज्तिराब बाक़ी है

किताबे-ज़ीस्त के सारे वरक़ पढ़े लेकिन
अभी भी ज़ीस्त का लब्बोलुआब बाक़ी है

तुम्हारे हिज्र में आँखें भी हो गयीं पत्थर
अगरचे इनमें तुम्हारा वो ख़्वाब बाक़ी है

चुका दिया है मुहब्बत का मोल दोनों ने
वफ़ा-जफ़ा का मगर कुछ हिसाब बाक़ी है

सवाल करते हैं क्यों बारहा फ़लक वाले
ज़मीं से कौन सा किस का जवाब बाक़ी है

बहुत से लोग हैं तेरी निगाह से रोशन
मुझे भी देख ये ख़ानाख़राब बाक़ी है

उन्हीं के नूर से रोशन है क़ाइनात मगर
वो कह रहे हैं अभी आफ़ताब बाक़ी है

इज्तिराब –बेचैनी / व्याकुलता

44. दौरे-हाज़िर में पारसा बनकर

दौरे-हाज़िर में पारसा बनकर
क्या मिला तुझको देवता बनकर

आप तो ख़ुद के भी न हो पाए
हमने देखा है आपका बनकर

दर्दे-दिल का इलाज मुमकिन है
दे दुआ काम जो दवा बनकर

हौसले कर बुलंद तू इतने
मंज़िलें आएँ रास्ता बनकर

जिन से उम्मीद ही न थी कोई
आ गये वो ही रहनुमा बनकर

कैसे होता चराग़े-दिल रोशन
तू न आता अगर हवा बनकर

45. बग़ावत और करता तीरगी से

बग़ावत और करता तीरगी से
अगर उम्मीद होती रोशनी से

बिसाते-ज़िंदगी पर मात खाई
गिला शक्वा मगर क्यों और ही से

दिखाना है उसे और देखना है
बचेंगे हम कहाँ तक ख़ुदकुशी से

मुझे मालूम है वो बे-वफ़ा है
मगर फिर भी लगा है दिल उसी से

विसालो-हिज्र की बातें करे क्या
वो जिसका सामना हो मुफ़लिसी से

मुहब्बत का सफ़र आसां नहीं है
मगर कट जाएगा हँस कर ख़ुशी से

नहीं करती मेरे ख़्वाबों को रोशन
शिकायत बस यही है चाँदनी से

46. जितनी फ़ित्रत में सादगी होगी

जितनी फ़ित्रत में सादगी होगी
शख़्सियत उतनी ही बड़ी होगी

गुल परस्ती है बागबां का शगल
उसके बच्चों सी हर कली होगी

जिसपे हम जाँ-निसार करते हैं
उसके दिल में भी क्या ख़मी होगी

गै़र मुमकिन है आदमी होना
जिसकी फ़ित्रत ही शोरिशी होगी

जितने बेताब, मुंतज़िर हम हैं
उतनी बेताब ज़िंदगी होगी

उसकी आँखों में फिर भी झांक लिया
जानते थे ये ख़ुदकुशी होगी

उसके ख़्वाबों से रात है रोशन
कौन कहता है तीरगी होगी

ख़मी....झुकाव, शोरिशी -फ़साद करने वाला,
मुंतज़िर-प्रतीक्षा करने वाला

47. वो यक़ीं आया नज़र मीठी ज़बानों में

वो यक़ीं आया नज़र मीठी ज़बानों में
हम ख़ुशी से आ गये ख़ुद क़त्लख़ानों में

राज़ तेरे इश्क़ का कैसे छुपाते हम
ज़िक्र तेरा महफ़िलों में और फ़सानों में

बाद मेरे ये सलीक़ा काम आयेगा
रख रहा हूँ कुछ निशानी मैं बयानों में

मसअले बाक़ी रहे हैं हल न हो पाए
ज़िंदगी गुज़री हमारी इम्तिहानों में

ख़ुश रहोगे गर हक़ीक़त अपनी पहचानो
देर तक रहना न तुम झूठे गुमानों में

गर कभी मैं याद आऊँ गुनगुना लेना
मर के भी रोशन रहूँगा इन तरानों में

48. यूँ न मेरे दिल की चौखट पर ठहर कर देखिए

यूँ न मेरे दिल की चौखट पर ठहर कर देखिए
आइये इक बार तो अंदर उतर कर देखिए

आप ईमां पर रहें क़ायम ख़ुदा का ख़ौफ़ क्या
बंदगी के आईने में कुछ सँवर कर देखिए

क़ैद में है इक परिंदा इतना क्या काफ़ी नहीं
क्या ज़रूरी है कि उसके पर कतर कर देखिए

क़ाबिले-इम्दाद हैं जो वो नज़र में ही नहीं
इक नज़र उनकी भी ख़ातिर तो उधर कर देखिए

आपके ही नूर से रोशन जहाँ होगा मगर
आप भी इक बार किरणों सा बिखर कर देखिए

49. किसी की जान की आफ़त हुई है

किसी की जान की आफ़त हुई है
शराफ़त की ये कैसी बानगी है

अभी ख़्वाबों की है तस्वीर धुंधली
अभी आँखों में थोड़ी सी नमी है

अभी मश्क़े सुख़न मैं कर रहा हूँ
अभी मंज़िल कहाँ मुझको मिली है

तुम्हारे लब पे आए मुस्कुराहट
दुआ, हर एक धड़कन माँगती है

हुक़ूमत को बुरा कैसे कहें हम
हुक़ूमत मैंने और तुमने चुनी है

वो जिनके ज़ेह्नो-दिल रोशन नहीं हैं
वही कहते हैं कितनी तीरगी है

50. मसअले ही मसअले हैं आदमी के सामने

मसअले ही मसअले हैं आदमी के सामने
इसलिए झुकता रहा है ज़िन्दगी के सामने

तश्नगी जब जब समन्दर की बढ़ेगी, देखना
वो उमीदें ले के आएगा नदी के सामने

अद्ल के किस्से अदालत में हुए हैं दफ़्न सब
है बदी शर्मिंदा ख़ुद अपनी बदी के सामने

छोड़ आए थे जो दर हम मुद्दतों पहले कहीं
वक़्त ले कर आ गया वापस उसी के सामने

तेरी यादों के हैं जुगनू इतने रोशन ज़ेह्न में
तीरगी हैराँ खड़ी है रोशनी के सामने

51. चैन लेकर जो दर्द देता है

चैन लेकर जो दर्द देता है
इश्क़ ऐसा हसीन धोका है

आइने में जो मैंने देखा है
कोई मुझ सा है और तन्हा है

उसकी आँखों में डूबकर समझे
जाम क्या वो तो मैकदे सा है

डूब जाएगा तू समन्दर में
उसकी आँखों में झाँकता क्या है

उसकी कुछ यूँ मिसाल दी सबने
चाँद से बढ़ के उसका चेहरा है

वो है शामिल तमाशबीनों में
जिसको समझा था मेरा अपना है

ख़ुद ब ख़ुद हो ही जाता है रोशन
जिस भी रस्ते से वो गुज़रता है

52. निज़ाम उनका है और कारोबार उनका है

निज़ाम उनका है और कारोबार उनका है
हमारी साँसों पे भी इख़्तियार उनका है

कलाम उनके पढ़े दिल को तब हुआ एहसास
बुलंद सारे जहाँ से मैआर उनका है

उन्हीं से ज़ख़्म मिले और उन्हीं से मरहम भी
उन्हीं ने गुल भी दिया और ख़ार उनका है

इरादतन तो कोई बे-वफ़ा नहीं होता
हमारे दिल को अभी एतबार उनका है

ग़मों की रात ये रोशन सहर में ढल जाए
कि बज़्म को तो अभी इंतेज़ार उनका है

53. मैं समुंदर हूँ और नदी तुम हो

मैं समुंदर हूँ और नदी तुम हो
मेरे जीवन की तश्नगी तुम हो

मेरी मंज़िल भी राह भी तुम हो
सच कहूँ मेरी ज़िन्दगी तुम हो

बदले बदले मिज़ाज हैं ज़ाहिर
कैसे कह दूँ कि हाँ वही तुम हो

रू-ब-रू देख कर तुम्हें ये लगा
ख़्वाब है या ये वाक़िई तुम हो

आदमीयत की तोड़ डालीं हदें
कौन मानेगा आदमी तुम हो

धड़कनों से पता ये चलता है
मेरे दिल में तो आज भी तुम हो

मेरे अल्फ़ाज़ तुम से हैं रोशन
मेरी ग़ज़लों की रौशनी तुम हो

54. बारिशों, बादलों को भड़काओ

बारिशों, बादलों को भड़काओ
दिल की चिंगारियों को भड़काओ

अब न इंसान तुम से भड़केंगे
तुम तो बस जाहिलों को भड़काओ

रास्ते गुमरही में बैठे हैं
अब चलो मंज़िलों को भड़काओ

मंज़िलें हम को ढूँढ ही लेंगी
ख़ूब तुम रास्तों को भड़काओ

गुलसितां से है इनका याराना
इतना मत तितलियों को भड़काओ

आग तो ख़ुद ब ख़ुद नहीं लगती
दिल की दुखती रगों को भड़काओ

मैं चरागों को करता हूँ रोशन
आओ तुम आँधियों को भड़काओ

55. न देखेगी गर्दिश की बंदिश हवा

न देखेगी गर्दिश की बंदिश हवा
जगाएगी फिर कोई ख़्वाहिश हवा

तुम्हारे ही पैग़ाम लाती नहीं
तुम्हीं जैसी करती है साज़िश हवा

न जाने ये कैसा जुनूँ है इसे
हमीं से करे आज़माइश हवा

ख़ुदा अब तो कुछ ऐसी तौफ़ीक़ दे
कि हो जाये हर दिल से रंजिश हवा

बुझाने को रोशन दियों को अभी
यक़ीनन करेगी नुमाइश हवा

तौफ़ीक़ –सामर्थ्य / शक्ति

56. इश्क़, उल्फ़त के नाम पर आये

इश्क़, उल्फ़त के नाम पर आये
ख़ूब इल्ज़ाम मेरे सर आये

अपनी दीवानगी मुकम्मल थी
पुर-ख़तर राह से गुज़र आये

कैसी ग़ुर्बत में जी रहा हूँ मैं
याद भी उनकी मुख़्तसर आये

ग़म में तब्दील हो ही जाएगी
अब ख़ुशी भी अगर इधर आये

मुंतज़िर हूँ मैं एक मुद्दत से
कोई तो आदमी नज़र आये

जब भी रोशन चराग़ करता हूँ
दिल में तूफ़ान का भी डर आये

ग़ुर्बत-कंगाली, मुख़्तसर -कम/ थोड़ा

57. जाने ये क्या हुआ कि वो हद से गुज़र गई

जाने ये क्या हुआ कि वो हद से गुज़र गई
सारा चमन बहार ही वीरान कर गई

कुछ इस तरह से मुब्तला है ज़ेह्नो-दिल में वो
देखा उसी को मेरी जहाँ तक नज़र गई

आना था मेरे दिल में जिसे उम्र के लिए
दो रोज़ में ही दर से मेरे वो किधर गई

हैरान हूँ कि ज़िन्दगी को ये ख़बर नहीं
ख़ुद को तराशते हुए ख़ुद ही बिखर गई

मैं तुझको याद करके कहीं तुझमें खो गया
यूँ तेरे इंतज़ार में शामो-सहर गई

गुज़रा है वक़्त हिज्र में इक उम्र की तरह
जो वस्ल की घड़ी थी वो यूँ ही गुज़र गई

तफ़्तीश कोई कैसे करे दिल के मसअले
शाहिद जो प्यार की थी वो धड़कन मुकर गई

रोशन है मेरे दिल में अभी आरज़ू-ए-इश्क़
अक्सर मचल मचल के जो तेरे ही दर गई

58. रिश्तों की बंदिशों में ही जकड़ा दिखा मुझे

रिश्तों की बंदिशों में ही जकड़ा दिखा मुझे
अपना समझ के कौन यहाँ कब मिला मुझे

शक्वा नहीं किसी से कभी भी रहा मुझे
इस बात का रहा है गिला बारहा मुझे

हाथों की हर लकीर का अहसानमंद हूँ
क़िस्मत में जो लिखा था वही तो मिला मुझे

तस्कीने-दिल की बात, कि ख़्वाबों में आज शब
ख़्वाबों में उसने आने का वादा किया मुझे

मेरे ही ज़ेह्नो-दिल हैं मुक़ाबिल कमाल है
करना पड़ेगा आज मेरा सामना मुझे

लेकर तो आ गए हैं यहाँ रास्ते मगर
ले जाएगी उड़ा के कहाँ अब हवा मुझे

रोशन किया था जिसने कभी उसका बामो-दर
सिमटा अँधेरों में ही मिला वो दिया मुझे

तस्कीन -दिलासा

59. जिस पे गुज़री क़ज़ा वही समझा

जिस पे गुज़री क़ज़ा वही समझा
दूसरा, कब कहाँ कभी समझा

पढ़ ली क़ुरआन बाइबिल गीता
सार कब उनका, आदमी समझा

ज़िन्दगी वो ही जी गया अच्छी
मौत को जिसने ज़िन्दगी समझा

हाले-दिल जब बयाँ किया मैंने
उसने अप्रैल फूल ही समझा

हम ने रूदाद ही सुनाई थी
तुम ने उसको भी शायरी समझा

भूक से खा गया था गश कोई
तूने तो सज्दा, बंदगी समझा

भूल मेरी थी क्या किया जाये
मैंने हर इक को आदमी समझा

ख़ुद को रोशन किया तभी तो मैं
तीरगी समझा, रौशनी समझा

60. मेरे अश्कों का हर इक क़तरा पी जाता है

मेरे अश्कों का हर इक क़तरा पी जाता है
मेरी आँखों का साहिल भी कितना प्यासा है

चुपके-चुपके उसको हँसते रोते देखा है
जाने क्या क्या उसके दिल में चलता रहता है

इश्क़ मुहब्बत नफ़रत क़ुर्बत, इनका पैमाना
ज़ेहनो-दिल में सबके अक्सर घटता बढ़ता है

देख रहा हूँ मेरे दर पर वो ख़ुद आए हैं
कोई बताये सच है या नज़रों का धोका है

दिलशिकनी की तुहमत दिल पर लगा गया वो भी
लेकिन दिल पर क्या गुज़री कब उसने सोचा है

ज़ाहिर है वो वफ़ाशिकन है लेकिन जाने क्यूँ
अब भी उसका हर इक वादा सच्चा लगता है

रौशन मुस्तक़बिल की उम्मीदें अब रोशन हैं
देखो इस कुहरे के पीछे नया सवेरा है

दिलशिकनी -दिल तोड़ना, वफ़ाशिकन -बेवफ़ा

61. शिकस्त तुम से मुहब्बत में खा के बैठे हैं

शिकस्त तुम से मुहब्बत में खा के बैठे हैं
हम अपने दिल का सुकूँ भी लुटा के बैठे हैं

तमाम रंग गुलों के उड़ा के बैठे हैं
चमन के बागबाँ सब कुछ गँवा के बैठे हैं

धुआँ धुआँ ही नज़र आ रहा है बस्ती में
वो रोशनी के लिए घर जला के बैठे हैं

किसी का ज़िक्र हुआ है हमारी ग़ज़लों में
किसी के नाम का सदका उठा के बैठे हैं

निचोड़ डाले हैं आँखों से अश्क भी अब तो
हम अपनी प्यास कुछ ऐसे बुझा के बैठे हैं

न फ़िक्र हमको थी अंजामे-इश्क़ की रोशन
इसीलिये तो दिलो-जाँ लुटा के बैठे हैं

62. कुछ ऐसे, तुझसे दिल भी मुब्तला है

कुछ ऐसे, तुझ से दिल भी मुब्तला है
ग़ज़ल में जैसे शामिल क़ाफ़िया है

वफ़ा-ए-इश्क़ में क्या क्या मिला है
ज़माना हमसे अक्सर पूछता है

सियाही के सफ़र में चल रहा है
मरीज़े-इश्क़ कब ये सोचता है

जिसे फ़ुर्सत नहीं है इश्क़ की, वो
यक़ीनन वक़्त का मारा हुआ है

जियो खुद और जीने भी दो सबको
यही तो ज़िन्दगी का फ़लसफ़ा है

सुनाते ही रहे रूदाद अपनी
हमारा शे'र तुमने कब सुना है

अभी तो वस्ल का मौसम है रोशन
मगर दिल हिज्र में अटका पड़ा है

63. वक़्त, मौसम, ख़ुशी गुज़र जाए

वक़्त, मौसम, ख़ुशी गुज़र जाए
जो भी गुज़रे अभी गुज़र जाए

इस से पहले कोई गुज़र जाए
ज़ीस्त से मुफ़लिसी गुज़र जाए

एक वादे से हैं उमीदें बहुत
काश! ये ज़िन्दगी गुज़र जाए

हौसले इतने तुम रखो मजबूत
ख़ुद ब ख़ुद बेबसी गुज़र जाए

मेरी आँखें भी हो गईं सहरा
अब तो ये तश्नगी गुज़र जाए

शम्अ हो जाए दिल की अब रोशन
और ये तीरगी गुज़र जाए

64. वो कामयाब होगा हरिक इम्तिहान में

वो कामयाब होगा हरिक इम्तिहान में
जो भी यक़ीं करेगा न झूठे गुमान में

जो जोश ढूँढ लेता है अपनी थकान में
पाता है वो ही शुहरतें सारे जहान में

तू सादगी से ज़िन्दगी का लुत्फ़ ले के देख
कुछ भी रखा नहीं है तेरी झूठी शान में

ऐ मुद्दई सज़ा से बचाया है क्यों मुझे
मेरा भी ज़िक्र कर दिया होता बयान में

अख़्लाक़ और तमीज़ के दीवाने हैं बहुत
लेकिन ये शय न पाई किसी भी दुकान में

तारीकियाँ मकीं हैं यहाँ तेरे बाद से
रोशन करेगा कौन दिया इस मकान में

65. जुनून, इश्क़, मुहब्बत, ख़ुदा ज़रूरी है

जुनून, इश्क़, मुहब्बत, ख़ुदा ज़रूरी है
हरिक बशर के लिए इक नशा ज़रूरी है

ज़रा सी बात पे जो टूट जाया करते हैं
किसी से ऐसा कोई रिश्ता क्या ज़रूरी है

ग़ुरूर अच्छा नहीं है सभी को है मालूम
मगर ये सच है ज़रा सी अना ज़रूरी है

वफ़ा की राह में नाकाम क्यों हैं हम आख़िर
कोई बताए तो, कितनी वफ़ा ज़रूरी है

जिए सुकून से सबको सुकूँ से जीने दे
हरिक के वास्ते ये फ़लसफ़ा ज़रूरी है

हमें मिली है नसीहत ये इश्क़ से रोशन
रक़ीब से भी यहाँ राब्ता ज़रूरी है

66. साथ ख़ुद का जो चाहिए साहिब

साथ ख़ुद का जो चाहिए साहिब
ख़ुद से रिश्ता निभाइए साहिब

अपनी फ़ित्रत सँभालिए साहिब
अच्छी आदत भी डालिए साहिब

जो तकब्बुर है आसमां पे, उसे
अब ज़मीं पर उतारिए साहिब

दिल में उल्फ़त मकीन होगी मगर
पहले नफ़रत निकालिए साहिब

अच्छी होती नहीं ग़लतफ़हमी
इसको बिल्कुल न पालिए साहिब

घर जला कर न होगा कुछ रोशन
आप दीपक जलाइए साहिब

तकब्बुर–घमंड, मकीन–निवासी

67. अगर कुछ देर वो ठहरा रहेगा

अगर कुछ देर वो ठहरा रहेगा
मेरा घर मुद्दतों महका रहेगा

यहाँ बस तेरा ही चरचा रहेगा
यही दस्तूर है, अच्छा रहेगा

ज़माना चाहे तुम ही को, मगर तुम
मेरे हो जाओ तो कैसा रहेगा?

मुहब्बत का सफ़र ऐसा सफ़र है
जो चलता है वो बस चलता रहेगा

नज़र से सब की तू ख़ुद गिर रहा है
तो कैसे क़द तेरा ऊँचा रहेगा

जो सच का साथ देगा वो यक़ीनन
सभी को काँटे सा चुभता रहेगा

तुम्हारी बज़्म रोशन ही रहेगी
मेरे दिल का दिया जलता रहेगा

68. तेरी दुआओं में भी तो बरकत नहीं रही

तेरी दुआओं में भी तो बरकत नहीं रही
दुनिया से और लड़ने की हिम्मत नहीं रही

सहते हैं ज़ुल्म उनके करम जान के ही हम
अब तो शिकायतों की भी आदत नहीं रही

अपने बुज़ुर्गवार की करता नहीं जो क़द्र
उसकी कभी जहान में इज़्ज़त नहीं रही

बंगले बड़े हैं और है आराम भी बहुत
बस एक ही कमी है क़राबत नहीं रही

दस्ते-करम की चाह में सब उसके दर गए
लेकिन किसी के दिल में अक़ीदत नहीं रही

रोशन चराग़ अपने ही दम से रहा है ये
तूफ़ान, आँधियों की इनायत नहीं रही

क़राबत–अपनापन, अक़ीदत–श्रद्धा

69. ज़िक्र तो उसने मेरा सब से किया

ज़िक्र तो उसने मेरा सब से किया
फिर तअल्लुक भी तर्क़ तब से किया

नींद ने आ के मेरे ख़्वाबों को
क़त्ल कर डाला पर अदब से किया

जाने क्या क्या हमें हुआ हासिल
इश्क़ नादान दिल ने जब से किया

धर्म मज़हब से क्या हमें मतलब
हमने तो राबता ही रब से किया

ज़ेह्न तक आ सकी न तारीकी
उसने रोशन कुछ ऐसे ढब से किया

70. बज़ाहिर मुझसे वो बरहम नहीं है

बज़ाहिर मुझसे वो बरहम नहीं है
मुहब्बत का मगर आलम नहीं है

हमारी छत पे हैं दो चाँद देखो
किसी से कोई भी तो कम नहीं है

ख़ुशी जिनको मिले उनको मुबारक
मुक़द्दर है मेरा ग़म, ग़म नहीं है

बहुत हैरान है वो ज़ख़्म देकर
कि मेरी आँख क्यूँ पुरनम नहीं है

फ़ज़ा ए इल्म की चाहत है सबको
मगर वो मश्क़ का मौसम नहीं है

बदन पर ज़ख़्म करते रक्स हैं यूँ
हमारे ज़ख़्मों का मरहम नहीं है

मैं रोशन हूँ सदा रोशन रहूँगा
सियाही का यहाँ मातम नहीं है

71. न जाने कितना क्या क्या काम होगा

न जाने कितना क्या क्या काम होगा
सफ़र में अब कहाँ आराम होगा

मुसाफ़िर कितने ही हैं तेरे दर के
तो क्या ये रास्ता अब आम होगा

कई दीवाने हैं इस मैकदे के
न जाने साक़ी क्या अंजाम होगा

तुम्हारा रूठना मेरा मनाना
तमाशा ये तो सुब्हो-शाम होगा

सुकूँ लुट जाएगा कब जानते थे
मुहब्बत का यही अंजाम होगा

ये काग़ज़ ख़ुद ब ख़ुद होता न रोशन
ज़रूर इस पर तुम्हारा नाम होगा

72. ख़ुद पे अहसान कर रहा हूँ मैं

ख़ुद पे अहसान कर रहा हूँ मैं
थोड़ा थोड़ा ही मर रहा हूँ मैं

दौर तन्हाइयों का लौट आया
और उसी से गुज़र रहा हूँ मैं

यूँ ही सुनते नहीं हैं वो मेरी
हर घड़ी मुख़्तसर रहा हूँ मैं

कहकशां उसके दर पे जाती है
ख़ार की रहगुज़र रहा हूँ मैं

अपना रिश्ता है साहिलों जैसा
तू उधर है इधर रहा हूँ मैं

तेरी नेमत है नूर है तेरा
हो के रोशन निखर रहा हूँ मैं

73. सारे ख़ाली मकान बोलेंगे

सारे ख़ाली मकान बोलेंगे
वक़्त के जब निशान बोलेंगे

कितनी तहज़ीब सीख पाया है
ये तो उसके बयान बोलेंगे

ज़ेह्न की खेतियाँ करें जो लोग
क्या वो मीठी ज़बान बोलेंगे

क़त्ल में लुत्फ़ ही नहीं आया
ले के वो मेरी जान, बोलेंगे

बज़्म में आ गये वो बेपर्दा
अब तो तीरो-कमान बोलेंगे

गुफ़्तगू सुन रही हैं दीवारें
अब तो उनके भी कान बोलेंगे

74. मैं ऐसे मर्हले पर आ गया हूँ

मैं ऐसे मर्हले पर आ गया हूँ
कि तुमको सिर्फ़ तुमको सोचता हूँ

किताबें यादों की पढ़ने लगा हूँ
मैं दिल को इस तरह बहला रहा हूँ

न मंज़िल है न रस्ता, लापता हूँ
मुसाफ़िर इश्क़ का हूँ और क्या हूँ

भटक जाते हैं क़ाबिल राहबर भी
मैं बेतरतीब ऐसा रास्ता हूँ

इसे सजदा समझना लेना नहीं तुम
मैं बस तहज़ीब की ख़ातिर झुका हूँ

मुझे इस मुल्क ने सब कुछ दिया है
मगर मैं मुल्क को क्या दे रहा हूँ

बहुत आसान हूँ तू ढूँढ मुझको
जवाबों सा सवालों में छुपा हूँ

समझ कर अजनबी मत अनसुनी कर
मैं तेरे दिल ही से उठती सदा हूँ

बुझा पाया नहीं तूफ़ान जिसको
मैं तेरे दर का वो रोशन दिया हूँ

मर्हले –गंतव्य

75. यूँ परवरिश की वक़्त ने पौधे हुए दरख़्त

यूँ परवरिश की वक़्त ने पौधे हुए दरख़्त
जंगल में हमने देखे हैं बढ़ते हुए दरख़्त

जब तक मिलेगी छाँव तभी तक का साथ है
फिर कौन घर में रखता है सूखे हुए दरख़्त

गुज़रे हैं कितने लोग मुहब्बत की राह से
शाहिद हैं इसके आज भी महके हुए दरख़्त

पत्थर का ख़ौफ़ है कि हैं बच्चों की चाहतें
बागों में देख लीजिए झुकते हुए दरख़्त

सब कुछ लुटा दिया है मगर कोई ग़म नहीं
आते नज़र हैं अब भी वो हँसते हुए दरख़्त

रोशन हरेक शाख़ से पत्ते जुदा हुए
क्यूँ ग़मज़दा न होते ये बूढ़े हुए दरख़्त

76. वो कि दौलत के नशे में चूर है मग़रूर है

वो कि दौलत के नशे में चूर है मग़रूर है
और मेरा दिल मुहब्बत के लिए मशहूर है

बेबसी की और क्या तस्वीर दिखलाऊँ तुम्हें
ज़िंदा रहने के लिए हर इक बशर मजबूर है

गुल मुहब्बत के उगाओ दिल में तो कुछ बात हो
ये हसद जो है तुम्हारे दिल में वो नासूर है

दीदा-ए-तर, बे-ख़याली और ज़बां पर उनका नाम
क्या ये सच है, इश्क़ का हर वक़्त ये दस्तूर है

मैंने उसकी सादगी में देखी है इंसानियत
हाँ मगर हैवानियत के सामने माज़ूर है

ज़िन्दगी की तल्ख़ियों ने जिस्म छलनी कर दिया
रूह रोशन है मगर और ये उसी का नूर है

मिस्ले-नर्गिस हम उसे यूँ ही नहीं कहते जनाब
उस से ही रोशन चमन और ये जहाँ पुरनूर है

मग़रूर –घमंडी, बशर –इंसान, हसद –ईर्ष्या, दीदा-ए-तर –नम आँखें, माज़ूर-मजबूर, तल्ख़ी-कड़वाहट मिस्ले-नरगिस –नरगिस (एक फूल) उसकी मिसाल

77. भरे जहाँ से गुज़रता हूँ आज भी तन्हा

भरे जहाँ से गुज़रता हूँ आज भी तन्हा
उसे तलाश मैं करता हूँ आज भी तन्हा

तसव्वुरात में आता तो है तबीब मगर
शबे-फ़िराक मैं मरता हूँ आज भी तन्हा

अज़ल से संग बरसते रहे हैं आशिक़ पर
मआले-इश्क़ से डरता हूँ आज भी तन्हा

ख़याल उनके ही आते हैं ज़ेह्न में अक्सर
उन्हीं से गुफ़्तगू करता हूँ आज भी तनहा

कुछ ऐसी दीद की नेमत मिली ख़ुदाई से
निगाहे-शौक़ पे मरता हूँ आज भी तन्हा

तुम आसमाँ की बुलंदी पे मर रहे हो मगर
मैं आसमाँ से उतरता हूँ आज भी तन्हा

जो दास्ताने-मुहब्बत में हो गये रोशन
वो लफ्ज़ बन के बिखरता हूँ आज भी तन्हा

मआले-इश्क़ –मुहब्बत का परिणाम

78. टूट कर कुछ इस तरह बिखरा हूँ मैं

टूट कर कुछ इस तरह बिखरा हूँ मैं
देख कर ये सोचता हूँ क्या हूँ मैं

यूँ तो उसके ज़ेह्न में रहता हूँ मैं
हाँ मगर दिल में नहीं उतरा हूँ मैं

सोचता है बारहा ये दिल मेरा
क्या किसी के वास्ते अच्छा हूँ मैं

जाम पीकर तो कभी बहका नहीं
तेरी नज़रों से मगर बहका हूँ मैं

ग़म का दर्या सूखकर सहरा हुआ
अश्क बनकर फिर भी क्यूँ बहता हूँ मैं

अपने ज़ेह्नो-दिल को रोशन कर सकूँ
सो चराग़ों की तरह जलता हूँ मैं

79. लेकर जिसे गया था सितमगर समेट कर

लेकर जिसे गया था सितमगर समेट कर,
लाया है कौन फिर वो मुक़द्दर समेट कर.

गहराइयों में भी नहीं गौहर है वर्ना हम,
साहिल पे रख न देते समंदर समेट कर.

आईना बोला हमसे जो होना है रू-ब-रू
रख आओ पहले अपने ये पैकर समेट कर.

आते हैं मेरी ज़िन्दगी में ग़म कुछ इस तरह,
ले जाते हैं ख़ुशी को जो अक्सर समेट कर.

ख़्वाबों ने मेरी नींद उड़ा दी है आज फिर,
मैंने भी रख दिया है ये बिस्तर समेट कर.

टूटे पड़े हैं वस्ल के रोशन कुछ आईने,
रक्खे हैं दिल पे हिज्र के पत्थर समेट कर.

80. गुमां हद से ज़ियादा करने वाला टूट जाता है

गुमां हद से ज़ियादा करने वाला टूट जाता है
यक़ीनन एक दिन पैकर अना का टूट जाता है

तू यूँ बे-परदा हो कर आईने का इम्तिहाँ मत ले
तेरी नाज़ो-अदाओं से भी शीशा टूट जाता है

किसी की ख़्वाहिशें पूरी करूंगा आज की शब मैं
यही तो सोच कर फिर एक तारा टूट जाता है

ज़रूरी तो नहीं बिल्कुल कि टूटे शाख़सानों से
ग़लतफ़हमी से भी अक्सर भरोसा टूट जाता है

सुकूते शब में भी बेचैनियाँ सोने नहीं देतीं
किसी का ख़्वाब रोशन जब अधूरा टूट जाता है

शाख़सानों-लड़ाई झगड़े, सुकूते शब-रात की चुप्पी

81. जो तेरे ज़ुल्मो-सितम का बयाँ मुकम्मल है

जो तेरे ज़ुल्मो-सितम का बयाँ मुकम्मल है
तो मेरे इश्क़ की भी दास्ताँ मुकम्मल है

यक़ीन मेरा मुकम्मल है दौरे-हाज़िर में
मुहब्बतों का अभी इक़ जहाँ मुकम्मल है

किरच किरच सा बिखरता रहा है आईना
किसी के अक्स का लेकिन गुमाँ मुकम्मल है

जो रहगुज़र में मुझे छोड़ कर गया तनहा
उसी की यादों का वो कारवाँ मुकम्मल है

रहा है जिसकी मुहब्बत से मेरा दिल रोशन
उसी बुझे से दिये में धुआँ मुकम्मल है

82. बढ़ता ही जा रहा है यहाँ नफ़रतों का दौर

बढ़ता ही जा रहा है यहाँ नफ़रतों का दौर
बलवाइयों का दौर तमाशाइयों का दौर

उसकी निगाहे-नाज़ इनायत करे कोई
गुज़रेगा ज़िन्दगी से तभी ज़ुल्मतों का दौर

बे-परदा हो के आने लगे महफ़िलों में लोग
अब ख़त्म हो गया है यहाँ चिलमनों का दौर

जब बागबाँ ही अपने चमन को उजाड़ दे
कैसे बचा रहेगा यहाँ तितलियों का दौर

अब क्यूँ किसी को इश्क़ इबादत पे हो यक़ीं
है मंदिरों का दौर कहीं मस्जिदों का दौर

अब हो रहा है शह्र में चर्चा ये चारसू
रोशन हुआ है दश्त में अब जुगनुओं का दौर

83. जब भी तस्वीर आप की देखी

जब भी तस्वीर आप की देखी
दिल की बस्ती में बस ख़ुशी देखी

इश्क़ में ही गुज़ार आये हम
हमने कब अपनी ज़िन्दगी देखी

क्यूँ परेशान है ये आईना
क्या नई सूरत आज भी देखी

मेरे क़दमों में आ गया उठकर
आज साग़र की तश्नगी देखी

ऐब दुनिया के ढूँढते ही रहे
किसने अपनी कोई कमी देखी

आज जब दिल ने उसको याद किया
सूखे ज़ख़्मों में ताज़गी देखी

वो न समझेगा रौशनी, रोशन
जिसने ताउम्र तीरगी देखी

84. घर के बीचो बीच इक दीवार जब ऊँची हुई

घर के बीचो बीच इक दीवार जब ऊँची हुई
सामने छत भी नज़र आई उसे झुकती हुई

जीते जी बच्चों ने बँटवारा किया माँ-बाप का
ख़्वाहिशों ने देखी अर्थी अपनी ख़ुद उठती हुई

अब तो वाइज़ के मवाइज़ के अलग ही रंग हैं
इसलिये ही धर्म मज़हब की गली सँकरी हुई

इतनी तन्हाई का आलम क्यूँ यहाँ पसरा हुआ
क्या किसी की ख़्वाहिशें बिखरीं यहाँ टूटी हुई

यूँ तो कहने को हज़ारों लोग हैं इस शह्र में
पर मुझे लगती नहीं सूरत कोई देखी हुई

जुस्तजू उसकी है जिसको आज तक देखा नहीं
दिल की हसरत भी है उसके जैसी ही भटकी हुई

रात फिर ख़्वाबों में वो आया, रहा कुछ देर तक
उसकी ख़ुशबू से अभी तक रूह है महकी हुई

जुगनुओं ने भी जहाँ को बारहा रोशन किया
और अँधेरे हार बैठे बाज़ी इक जीती हुई

वाइज़-धर्म उपदेशक
मवाइज़-धर्म उपदेश

85. तुझ पे है ऐतिबार, अच्छा है

तुझ पे है ऐतिबार, अच्छा है
दिल का ये रोज़गार अच्छा है

पहले नफ़रत की खेतियाँ कर लीं
अब वो कहता है , प्यार अच्छा है

यादे हैं, वस्ल, हिज्र की, जिसमें
वक़्त का वो उधार अच्छा है

फिर से नज़रें मिलाओ तुम हम से
चश्मे मय का ख़ुमार, अच्छा है

हम इबादत में इश्क़ करते हैं
दिल का ये कारोबार अच्छा है

मुख़्तलिफ़ हैं मिज़ाज लोगों के
हाँ मगर, मेरा यार अच्छा है

जिसको रोशन किया है उल्फ़त से
दिल का अपना दयार अच्छा है

86. ख़ुदा ही ख़ुदा अब नज़र आ रहा है

ख़ुदा ही ख़ुदा अब नज़र आ रहा है
निगाहों में उसका असर आ रहा है

हिरासां हूँ मैं हिज्र की रात से ही
मगर अब मेरा हमसफ़र आ रहा है

मुझे ख़ौफ़ है बस उसी बात का अब
वो जिस बात से बेख़बर आ रहा है

उठा हाथ अब तो दुआ मांग ले कुछ
तेरी राह में उसका दर आ रहा है

तसव्वुर किसी का मुसलसल है तारी
मैं जाऊं जिधर ये उधर आ रहा है

फ़साने मुहब्बत के महके हुए हैं
वो क्या लौटकर अपने घर आ रहा है

अभी दूर होंगी ये तारीकियाँ भी
यहाँ फिर वो रोशन क़मर आ रहा है

हिरासां–भयभीत, क़मर–चाँद

87. क्यूँ ज़रा सी बात को आख़िर बड़ा होने दिया

क्यूँ ज़रा सी बात को आख़िर बड़ा होने दिया
दो दिलों के दरमियाँ फिर फ़ासला होने दिया

दिल की गहराई में जाकर देख ले इक बार तो
मैंने तेरे दर्द को कैसे दवा होने दिया

इस मरज़ का वक़्त रहते करना था तुमको इलाज
बेसबब ही ज़ख़्म को नासूर सा होने दिया

जानते थे आएगा वो ले के पत्थर हाथ में
फिर भी हमने अपने दिल को आईना होने दिया

देखता हूँ जिसको भी लगता है वो पत्थर मुझे
इसलिए हर शख़्स को मैंने ख़ुदा होने दिया

शम्अ रोशन करने की थी ज़िद तुम्हारी इसलिए
मैंने ही परवाना बन ख़ुद को फ़ना होने दिया

88. दिल में ही हसरतों को दबाए हुए चलो

दिल में ही हसरतों को दबाए हुए चलो
लेकर न सर पे ज़ीस्त के ये मसअले चलो

मंज़िल मिलेगी तुमको यक़ीनन चले चलो
रोको न अपने तुम ये क़दम बस बढ़े चलो

ऐसा करो ज़माने में ग़म कम से कम रहें
थोड़ी ख़ुशी सभी को यहाँ बाँटते चलो

बाक़ी रहे न कोई ग़लतफ़हमी दरमियां
अब ख़त्म कर दें जो भी हैं ये फ़ासले चलो

ज़िद कर रहा है मुझ से मेरा दिल ये बार बार
जाए जो उसके दर पे उसी रास्ते चलो

रोशन करें जहान को जो अपने नूर से
हम तुम जलाएँ मिल के कुछ ऐसे दिये चलो

89. नसीब मेरा, जो कमतर दिखाई देता है

नसीब मेरा, जो कमतर दिखाई देता है
ज़माने भर को वो अक्सर दिखाई देता है

कभी तबीब कभी रहनुमा हुआ मेरा
वो शख़्स मुझ को जो अंदर दिखाई देता है

निगाहे-नाज़ में उसकी जमाल है ऐसा
हरेक शै में बराबर दिखाई देता है

नज़र को अपनी संभालो, हदों में क़ैद रखो
छुपा है दिल में जो बाहर दिखाई देता है

है तार तार अगर उसका पैरहन, तो क्या
वो कैफ़ियत से तो रहबर दिखाई देता है

ख़ुदा का शुक्र है भटकी नहीं नज़र मेरी
कहीं भी जाऊं तेरा दर दिखाई देता है

मैं अपने दिल को तुम्हारे सुपुर्द कैसे करूँ
तुम्हारे हाथ में ख़ंजर दिखाई देता है

जहाँ पे हमने किये थे चराग़े-दिल रोशन,
वहाँ धुआँ भी मुनव्वर दिखाई देता है.

90. ज़माने भर को तो मेरी मिसाल देते हैं

ज़माने भर को तो मेरी मिसाल देते हैं
मगर वो मेरे सवालों को टाल देते हैं

तुम ऐसे ख़्वाब तराशों से दूर ही रहना
जो नूरे-सुब्ह को मुश्किल में डाल देते हैं

उन्हीं के रंग का मेले में बोलबाला है
वो बात बात पे कीचड़ उछाल देते हैं

ये बात और है वो घर मेरा जलाकर भी
सियाह रात में रोशन ख़याल देते हैं

सुलगते बर्फ़ के नीचे जो दफ़्न हैं रोशन
उन आँसुओं को ये मौसम उबाल देते हैं

91. जब जब ग़मों से मुझ को सताती है ज़िंदग़ी

जब जब ग़मों से मुझ को सताती है ज़िंदग़ी
तब तब तुम्हारी याद दिलाती है ज़िंदग़ी

ग़म से नजात किसको दिलाती है ज़िंदग़ी
बस मौत का पता ही बताती है ज़िंदग़ी

बढ़ती ही जा रही है मेरी तश्नगी, मुझे
कैसे ये जाम रोज़ पिलाती है ज़िंदग़ी

आता नहीं नज़र तू मुझे जिस मक़ाम से
अक्सर ही ऐसे मोड़ पे लाती है ज़िंदग़ी

कैसा निग़ाहे-शौक़ है कैसा है ये हुनर
तेरी नज़र से मुझको गिराती है ज़िंदग़ी

पाकीज़गी हो, ज़ेहन में रोशन ख़याल हों
मक़सद ये ज़िंदग़ी का बताती है ज़िंदग़ी

92. मैं जहाँ हूँ उधर नहीं आती

मैं जहाँ हूँ उधर नहीं आती
रौशनी मेरे दर नहीं आती

फूल खिलते न फिर गुलिस्तां में
तेरी ख़ुशबू अगर नहीं आती

मुझ से शायद बहार रूठी है
भूल कर भी इधर नहीं आती

चाँद अक्सर उदास रहता है
चाँदनी माह भर नहीं आती

अब हैं तारीकियाँ नसीबों में
कोई रोशन सहर नहीं आती

93. दस्तार को तो छोड़िए वो सर भी ले गई

दस्तार को तो छोड़िए वो सर भी ले गई
चाहत ख़ुदी की, साथ, सिकंदर भी ले गई

ये जो तुम्हारी याद है वो बे-शऊर है
आँखों से नींद, ख़्वाब का बिस्तर भी ले गई

ग़म की रिदा जो वक़्त ने डाली है ज़ैल में
अफ़्सुर्दगी में प्यार का पैकर भी ले गई

शोले तो हिज्र के मैं बुझाता, मगर ये शब
आँखों को सहरा करके समुंदर भी ले गई

मंज़िल मिली न और मुझे कारवाँ मिला
तक़्सीर मेरे इल्म की, रहबर भी ले गई

रोशन सहर ने ज़िन्दगी का ढब सिखा दिया
और ज़ेह्न से अँधेरों का वो डर भी ले गई

ज़ैल-दामन, अफ़्सुर्दगी-उदासीनता, तक़्सीर... कमी

94. सब्र रखिए हुज़ूर, आता है

सब्र रखिए हुज़ूर, आता है
वक़्त अच्छा ज़रूर आता है

ढोना पड़ता है ख़ुद ग़ुरूर अपना
ऐसा इक दिन ज़रूर आता है

इल्म, दौलत ज़रा सी मिलते ही
हर बशर में ग़ुरूर आता है

हाँ वही तो है बज़्म की रौनक़
उसके आने से नूर आता है

कोयले की ही खान से रोशन
एक दिन कोहेनूर आता है

95. हमीं ने गर सच कहा न होता

हमीं ने गर सच कहा न होता
कभी वो ऐसे जुदा न होता

उसे दिखाता न आईना तो
उसे भी ख़ुद का पता न होता

ये शब भी तन्हा गुज़र ही जाती
जो ख़्वाब उसका दिखा न होता

था उसका ग़म भी मुझी सा वर्ना
वो मुस्कुरा कर मिला न होता

हरी भरी होती अंजुमन ये
सितम जो उसका हुआ न होता

बुझे ही रहते न होते रोशन
किसी को कोई गिला न होता

कभी न होती ये बज़्म रोशन
अगर मेरा दिल जला न होता.

96. आज फिर उनको कुछ हुआ शक्वा

आज फिर उनको कुछ हुआ शक्वा
खुद से मायूसियों का क्या शक्वा

मेरी बातों में वो ही है हरदम
उसकी हर बात में गिला शक्वा

कर रहा है शिकायतें दिल भी
मैंने सोचा था मिट गया शक्वा

ढूँढ ही लेगा ख़ामियाँ मेरी
ख़ूबियों को सुनाएगा शक्वा

ज़हर जैसे ही निकला शक्वे से
जाम भर भर के फिर पिया शक्वा

शक्वे करने का हक़ उसी को है,
जो कहे दोस्तों से क्या शक्वा

दिल की बस्ती है इसलिए रोशन,
साथ दिल के जला दिया शक्वा

97. झूठे गुमान और न ही अब अना के साथ

झूठे गुमान और न ही अब अना के साथ
रखना है राबता तो रखो तुम ख़ुदा के साथ

पैग़ाम उनके आएँगे पहले सबा के साथ
फिर आते आते आएँगे वो भी अदा के साथ

इल्ज़ाम क्या है इसका पता ही नहीं मुझे
ताकीद है रज़ा हो मेरी हर सज़ा के साथ

बीमारे-दिल का कौन करेगा भला इलाज
उसको दवा भी चाहिए लेकिन दुआ के साथ

महफ़िल में उनके आने के सब ही हैं मुन्तज़िर
हसरत लिए है कोई कोई इल्तिज़ा के साथ

अब आँधियों को लाओ कि हो कुछ मुक़ाबला
खेलेगा कब तलक ये दिया इस हवा के साथ

हम अब भी हैं उमीद को ज़िन्दा रखे हुए
इक दिन वो लौट आएगा वादे, वफ़ा के साथ

जाती है जाँ किसी की तो जाए बला से अब
बिजली गिरा रहे हैं वो नाज़ो-अदा के साथ

रोशन तेरे ख़याल से अशआर हो गए
लज़्ज़त भी आ गई है ग़ज़ल में हया के साथ

ताकीद –हुक्म देना/ ज़िद

98. ख़्वाब फिर कोई बुना था उसने

ख़्वाब फिर कोई बुना था उसने
मुझसे वादा जो किया था उसने

रूह में अब भी बसी है ख़ुशबू
मुद्दतों पहले छुआ था उसने

मैंने उसको तो कहा कुछ भी नहीं
मसअला ये है सुना था उसने

उसकी तस्वीर में उभरा ही नहीं
रंगे-उल्फ़त तो भरा था उसने

ये तो ज़ाहिर है वो था जादूगर
मुझ पे जादू भी किया था उसने

एक दिन मेरी सहर भी रोशन
होगी होगी ये कहा था उसने

९९. न पहले था कुछ और न अब कुछ नया है

न पहले था कुछ और न अब कुछ नया है
वही दर्दे-दिल है वही दिलरुबा है

जहाँ की ख़बर है न खुद का पता है
तू किस मसअले में कहाँ मुब्तला है

जो देता है बचने की सबको नसीहत
मुहब्बत की राहों पे वो भी चला है

इबारत नबिश्त: थी दिल के वरक़ पर
तू ही पढ़ न पाया कि क्या-क्या लिखा है

जो क़ातिल है मेरा वही है मसीहा
कभी मैं फ़िदा हूँ कभी वो फ़िदा है

मैं ख़्वाबे-परीशां से तंग आ गया हूँ
ये लगता है आँखों का होना सज़ा है

सभी की ज़रूरत है तेरा ठहरना
तेरे दम से रोशन ये सारी फ़ज़ा है

100. ग़म का बिखरा हुआ कारवाँ धूप में

ग़म का बिखरा हुआ कारवाँ धूप में
साथ कोई नहीं मेह्रबां धूप में

हो गया रास्तों को गुमाँ धूप में
हो रहेंगे मुसाफ़िर निशाँ धूप में

तेरी ज़ुल्फ़ों सी वो छाँव मिलती नहीं
घूम आये हैं सारा जहाँ धूप में

हिज्र की शब मुक़र्रर तुम्हारे बिना
वस्ल मुमकिन हमारा कहाँ धूप में

चाँदनी की उमीदों को दिल में लिए
क्या सुनाए कोई दास्तां धूप में

ज़िद है, रोशन रहे ये तुम्हारा चमन
तप रहा, जल रहा बागबाँ धूप में

❑❑❑